|培训教材类|

全国扶贫教育培训教材（第三批）

全国扶贫宣传教育中心　组织编写

精准扶贫案例
菏泽扶贫车间模式研究

吕方　蔡维超◎主编

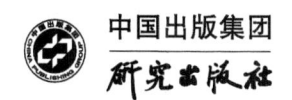

中国出版集团
研究出版社

图书在版编目(CIP)数据

精准扶贫案例：菏泽扶贫车间模式研究 / 吕方，蔡维超主编. -- 北京：研究出版社，2021.5
ISBN 978-7-5199-0945-1

Ⅰ.①精… Ⅱ.①吕…②蔡… Ⅲ.①扶贫模式–研究–菏泽 Ⅳ.①F127.523

中国版本图书馆CIP数据核字(2020)第220320号

精准扶贫案例：菏泽扶贫车间模式研究
JINGZHUN FUPIN ANLI：HEZE FUPIN CHEJIAN MOSHI YANJIU

全国扶贫宣传教育中心　组织编写

吕　方　蔡维超　主编

责任编辑：寇颖丹

研究出版社 出版发行
（100011　北京市朝阳区安华里504号A座）

北京建宏印刷有限公司　新华书店经销

2021年5月第1版　2021年5月北京第一次印刷
开本：710毫米×1000毫米　1/16　印张：10.75
字数：129千字

ISBN 978-7-5199-0945-1　定价：36.00元

邮购地址100011　北京市朝阳区安华里504号A座
电话（010）64217619　64217612（发行中心）

版权所有·侵权必究
凡购买本社图书，如有印制质量问题，我社负责调换。

《菏泽扶贫车间模式研究》编写组

主　编：

吕　方　　华中师范大学社会学院教授

蔡维超　　菏泽市委副秘书长、市扶贫办主任

副主编：

陆汉文　　华中师范大学社会学院教授

刘　军　　菏泽市扶贫办副主任

刘　杰　　华中师范大学社会学院副教授

李　琳　　华中师范大学社会学院讲师

编写人员：

苏　海　　山东女子学院社会与法学院副教授

张世青　　济南大学政法学院副教授

王　猛　　青岛大学政治与公共管理学院副教授

董苾茜　　武汉工程大学讲师

陈　硕　　菏泽市扶贫办干部

祝见华　　菏泽市扶贫办干部

龚群芳　　华中师范大学社会学院研究生

前言
PREFACE

就业是最大的民生，推动就业扶贫是脱贫攻坚的有效路径。菏泽市地处鲁西南，是山东省内人口规模最大的地级市，改革开放以来经济社会发展成就突出，但受地理条件、发展环境等复杂因素限制，农村贫困问题依然突出，贫困人口占全省总量超过三分之一。党的十八大以来，菏泽市委、市政府深入学习贯彻习近平总书记关于扶贫工作的重要论述，深入实践精准扶贫精准脱贫基本方略，结合新时期发展环境和减贫需求，创造性地实验并推广了扶贫车间就业扶贫模式。实践表明，扶贫车间模式，不仅有效带动了贫困人口脱贫增收，也有力地促进了乡村治理体系完善、治理能力提升，为乡村振兴打下了坚实基础。

本研究从菏泽扶贫车间就业扶贫模式的缘起与发展、运行与特点、成效与经验、问题与挑战、转型与升级等几个方面，较为全面地展现了菏泽扶贫车间就业扶贫模式的概况。研究认为，菏泽扶贫车间就业扶贫模式，是菏泽市委、市政府在习近平总书记关于扶贫工作的重要论述指引下，践行精准扶贫精准脱贫基本方略，因地制宜推动市县级脱贫攻坚改革创新形成的有效就业扶贫模式。菏泽扶贫车间就业扶贫模式立足地方减贫与发展实际，因势利导、精准施策，将脱贫攻坚与承接劳动密集型产业转移紧密结合，通过一揽子政策支持，将扶贫车间建设成为"稳定长效脱贫"平台、"承接产业转移"平台、"民营经济发展"平台、"能人创业"平台、"农业现代化发展"平台和"产村融合"平台。实践表明，菏泽扶贫车间就业扶贫模式取得了多方面的综合成效，不仅有效带动了贫困人口实现稳定脱贫，激发了贫困人口改善精神面貌、生活面貌的主观愿望动能，同时实现了区域发展与脱贫攻坚的有机结合，提振了乡村集体经济，强化了基层党组织战斗堡垒作用，促进了地方经济社会发展面貌改善和基层治理能力提升。

此外，如果将菏泽扶贫车间就业扶贫模式的成功，置于近十年来中国劳动密集型产业区域转移，以及中西部地区工业化、城镇化发展的历史长时段考察，便会发现扶贫车间就业扶贫模式表征着改革以来中西部地区新一轮"乡村工业化"的历史进程。有条件的地区可以借鉴菏泽扶贫车间就业扶贫模式的成功经验，抢抓劳动密集型产业区域转移的战略机遇，高质量地推动就近就地就业和城镇化发展，为乡村振兴和城乡融合发展提供助力。

目 录
CONTENTS

第一章 导 论 / 001
    一、菏泽扶贫车间就业扶贫模式概述 / 004
    二、菏泽扶贫车间模式的启示与意义 / 011

第二章 缘起与发展 / 015
    一、菏泽扶贫车间的缘起 / 017
    二、菏泽扶贫车间的发展历程 / 025
    三、从扶贫车间模式看市县级脱贫攻坚改革创新 / 035

第三章 运行与特点 / 041
    一、菏泽如何推动扶贫车间建设与管理 / 042
    二、菏泽扶贫车间的兴办形式 / 056
    三、菏泽扶贫车间的运行特点 / 069

第四章 成就与挑战 / 079
    一、菏泽扶贫车间建设的现状 / 080
    二、菏泽扶贫车间模式的综合效益 / 086
    三、菏泽扶贫车间发展面临的挑战 / 092

第五章　转型与升级　/　103

　　一、菏泽扶贫车间发展的新趋势　/　104

　　二、推动菏泽扶贫车间转型升级的总体思路　/　107

　　三、实现扶贫车间转型升级的路径选择　/　117

　　四、推动菏泽扶贫车间持续健康发展　/　123

第六章　展望与思考　/　133

　　一、扶贫车间模式的全国推广　/　134

　　二、扶贫车间与第二波乡村工业化浪潮　/　139

　　三、扶贫车间与乡村振兴　/　148

参考文献　/　153

后　记　/　159

第一章

导 论

就业是最大的民生，通过扶持就业带动贫困人口增收，是有效的脱贫路径。新中国成立之初，乡村就业人员以从事农业生产为主，从事非农产业的人数非常少。人民公社时期，一些有条件的地区通过促进社队企业发展对非农就业形成了一定带动作用，但总量相对较小，带动范围不大。农村改革以来，伴随着乡镇企业快速发展，农村富余劳动力进入乡镇企业工作，这种"离土不离乡、进厂不进城"的乡村工业化较为有效地扩大了乡村非农就业，农民家庭工资性收入逐步增长。截至1997年，全国乡村就业人员达到49039万人的历史高点。随着市场经济的快速发展，一些农村劳动力进城务工，特别是中国加入世界贸易组织以后，就业增收成为农民收入增长的重要引擎，至2018年，全国农民工规模达到28836万人。[①]可以说，自20世纪90年代中期以来，工资性收入已经逐渐成为农民收入的主要来源，成为农民增收的"稳定器"。因此，促进农民就业，是改善农民收入的有效路径与方法。

在扶贫工作领域，党和政府一直对就业扶贫工作高度重视。在"八七"扶贫攻坚期间，就明确提出要"为贫困地区的劳动力开拓外出就业门路，做好就业服务和技术培训工作，努力扩大合理有序的劳务

[①] 国家统计局：《农村经济持续发展 乡村振兴迈出大步——新中国成立70周年经济社会发展成就系列报告之十三》，http://www.stats.gov.cn/ztjc/zthd/bwcxljsm/70znxc/201908/t20190807_1689635.html。

输出规模"①，以此带动贫困人口就业脱贫。在新千年第一个农村扶贫开发规划纲要期间，中国政府大力实施就业优先战略和更加积极的就业政策，通过提供职业技能培训，加强就业创业服务，有效保障贫困人口工作权利。主要工作包括，组织实施农民工职业技能提升计划——"春潮行动"，面向农村贫困劳动力开展就业技能培训、岗位技能提升培训和创业培训，并落实培训补贴政策。出台并实施《关于加强雨露计划支持农村贫困家庭新成长劳动力接受职业教育的意见》，对农村贫困家庭子女接受职业教育给予补助。进一步健全完善公共就业服务体系，加强基层劳动就业和社会保障服务平台建设，组织开展"春风行动"等专项就业服务，加强输出输入地劳务对接，为农村贫困人口免费提供职业指导、职业介绍、就业信息、政策法规咨询等公共就业服务，推进农村富余劳动力进城务工和稳定转移。积极落实创业扶持政策，对有创业意愿和创业培训、创业服务需求的劳动者，组织参加创业培训，提供信息咨询、开业指导、创业孵化、跟踪辅导等"一条龙"创业服务，提高创业成功率。②回望中国就业扶贫工作走过的历程不难发现，各时期的就业扶贫政策发展，与整个中国经济改革和就业形势的演进趋势具有紧密的关联。就业扶贫政策质量的高度取决于是否能够回应中国经济发展总体形势和农民就业形势的变动，通过综合性、针对性的政策扶持，提升贫困人口的就业能力和就业质量。近年来，在沿海地区产业转移的浪潮中，乡村社会迎来了新一轮的乡村工

---

① 国务院：《关于印发国家八七扶贫攻坚计划的通知》，http://www.cpad.gov.cn/art/2016/7/14/art_343_141.html。
② 国务院新闻办公室：《中国的减贫行动与人权进步》，http://www.scio.gov.cn/zfbps/32832/Document/1494402/1494402.html。

业化浪潮，如何通过就业扶贫模式的创新，做好贫困地区劳动力就近就地就业服务，是新时期就业扶贫工作需要解决的重要理论和现实问题，是关乎"五个一批"目标尤其是发展生产和扶持就业脱贫一批目标能否实现的关键政策问题。

在此意义上，菏泽扶贫车间就业扶贫模式的形成和发展，不仅是菏泽市委、市政府因势利导、因地制宜推动精准扶贫改革创新的探索与成果，也为新时期做好"就业扶贫"工作，乃至为乡村振兴过程中的乡村就业工作探索出了有效的路径。在这一部分，我们将整体性介绍菏泽扶贫车间就业扶贫模式的缘起与发展、成效与特点，并讨论菏泽扶贫车间成功经验对于理解新时代就业精准扶贫领域的改革创新的借鉴意义，以及党的十八大以来习近平总书记关于扶贫工作的重要论述对脱贫攻坚改革创新的重大意义。

一、菏泽扶贫车间就业扶贫模式概述

菏泽市地处山东省西南部，是山东省贫困人口规模最大的地级市。菏泽市委、市政府高度重视脱贫攻坚，坚持以习近平总书记关于扶贫工作的重要论述为指引，深入贯彻精准扶贫精准脱贫的基本方略，结合地方发展实际，以改革创新的勇气与智慧，创造性地实验并推广了扶贫车间就业扶贫模式。几年来的实践表明，菏泽扶贫车间就业扶贫模式取得了巨大成功，带动减贫成效显著，得到了国务院扶贫办的高度肯定，并被纳入中央政治局第39次集体学习12个典型案例之中，在全国进行复制、推广。

（一）扶贫车间模式的形成过程

菏泽扶贫车间诞生于地方精准扶贫、精准脱贫改革创新的探索过程中，此后在实践中不断丰富与完善。可以说，菏泽扶贫车间就业扶贫模式的形成过程，是在习近平总书记关于扶贫工作的重要论述指引下，坚持精准方略，因地制宜大胆探索、科学论证、持续完善精准扶贫地方模式的经典案例。

2015年11月，菏泽市委副秘书长、市扶贫办主任蔡维超同志在鄄城县董口镇代堂村调研，该村有7处利用闲置房屋或简易帐篷建成的人发制品加工点引起了他的注意。这些加工点是由当地农民自发建立，为企业从事代工生产，吸引了本村一些老年人、留守妇女等"弱势劳动力"就业。蔡维超同志敏锐地意识到，菏泽劳动力资源较为丰富，如果能够在就近就地就业方面有所突破，必将为菏泽脱贫攻坚带来强劲动能，而眼下所见的这种形式或许能够成为带动当地贫困群众脱贫增收的有效手段。鉴于此，蔡维超同志随即建议鄄城县董口镇将代堂村的活动室、申位庄的粮库、西双庙的养牛场等6处地方打造为扶贫车间，把该镇传统的人发加工、藤编加工、教具加工、扫帚加工、渔网加工、马尾加工搬到了扶贫加工点。经过短短一个月的"政策试点"，效果非常显著，每个加工点工人都在60人左右，其中贫困群众占比40%以上。

根据试点经验，菏泽市扶贫办向菏泽市委、市政府作了专题汇报，得到市委、市政府的高度重视。菏泽市委、市政府认为，鄄城试点的成功并非偶然，近年来随着沿海地区劳动力、土地等要素成本的上升，以及环境容量的压力，青岛等发达地区一批产业纷纷向内陆纵深转移，兄弟县市也都在纷纷探索如何在承接产业转移过程中带动地方经济发展。其难点问题在于如何承接产业转移，并促进其落地生根。"鄄城试点"成功的价值在于，为菏泽对接外部发展机遇、促进区域经济发展和脱贫攻坚提供了方法和路径。这种经验如果能够复制和推广，无疑具有重大的现实价值。为此，菏泽市委、市政府主要领导深入实地，扎实调研，并以鄄城为案例"解剖麻雀"，探索和总结扶贫车间的成功基础及其推广价值。

调研发现，鄄城发展扶贫车间有两大支撑优势，一是就业人口支撑。鄄城县常住人口有89万人，50岁以上的共有25.4万人，生过一个小孩的育龄妇女，有16.1万人。这样算下来，这部分人群共有40多万人。其中一部分劳动力可以就近就地干一些零活等，少部分完全丧失了劳动能力的贫困人口需要靠政策兜底解决脱贫问题，而剩余的有就业能力和就业愿望的这部分人大约还有20万，其中仅农村贫困人口就接近6万人，他们除每年有一个月左右的时间用于农忙外，其余时间无工可做，基本上处于空闲状态。所以说，村村建设扶贫车间后，有足够的就业人口支撑创建扶贫车间。二是产业和企业的吸纳能力支撑。近年来，鄄城县的人发制品、户外休闲用品、纺织服装等产业发展迅速。发制品企业达到226家，其中规模以上企业106家。鄄城县规划建设了4个发制品产业园，建成后整个发制品产业可吸纳从业人员8万人以上。鄄城县现有4家户外家具产业龙头企业，总投资25亿元、建筑面积107万平方米的户外休闲用品产业园正在加快建设，全部建成后，可吸纳10万多人就业。另外，服装、纺织、电子配件等产业可吸纳3万—4万人就业。同时，鄄城县加大招商力度，面向全国引进劳动密集型产业。所以，鄄城县的产业和企业，吸纳20万名左右的贫困人员就业是完全没有问题的。经菏泽市委、市政府反复酝酿、反复论证、审慎决策、大胆创新，决定将村村建设扶贫车间的模式在全市推开，争取让每一个具有劳动能力的贫困群众都能就近就业，稳定脱贫。

"鄄城试点"的巨大成功,鼓舞了兄弟县市发展扶贫车间的信心和决心,相关经验得到了省委、省政府的积极肯定。2016年1月,时任山东省委副书记龚正同志到鄄城调研扶贫工作时,对扶贫车间推进就业扶贫的做法给予了充分肯定,要求在全市进行推广,尽快实现扶贫车间村村全覆盖和有劳动能力的贫困人口就业岗位全覆盖。此后,菏泽市委、市政府迅速行动,经过深入调查、科学分析、缜密论证,形成了科学完整的推广方案。

首先,市委、市政府主要领导主抓,搭建推动扶贫车间项目建设的组织领导体系。菏泽市委、市政府将扶贫车间作为脱贫攻坚的重要抓手,党政一把手多次作出批示,并亲自到县区调研督导,扶贫开发领导小组坚持每月召开一次现场会或观摩会。全市整合各行业部门资源,发挥市、县、乡三级财政主体作用,动员企业等社会力量参与,在有条件的村全部建设扶贫车间。

其次,建立完备的政策支持体系,坚持高标准规范化建设扶贫车间。菏泽市先后出台《扶贫车间财政扶持办法》《扶贫车间金融扶持办法》《扶贫车间规范管理办法》等多个政策文件,形成了综合性的支持体系。具体来说,在支持扶贫车间建设和运营方面,制定实施了税费、用地、金融等方面的系列优惠政策,为扶贫车间配备防暑、取暖、通风和视频监控等设备,改善工作环境,完善防护措施等;在提升贫困户的人力资本和就业(创业)质量方面,整合扶贫、人社、农业、电商等资源,举办各类免费就业技能培训班,提升群众就业能力。

再次,强化产业支撑,严把项目入驻扶贫车间关卡。没有产业就没有就业,更重要的是没有高质量的适合项目,就业扶贫的成效和质量就不会好。为此,菏泽市明确入驻扶贫车间项目的标准,要重点突出传统优势好、就业门槛低、增收效果好、产业发展稳定、方便群众就近就业等 5 个标准，着力扶持发展特色种植业及劳动密集型产业。具体来说，"传统优势"就是根据村庄传统优势产业来制定扶贫车间项目建设，提高贫困群众参与度，从而提高扶贫车间贫困群众的就业率。"就业门槛低"就是技术要求不高，劳动强度不大，年轻人能干，老年人和轻微残疾的人也能干，男同志能干，女同志也能干。"增收效果好"就是能够保证就业人员每天至少有 20 元左右的收入。工资虽然不是太高，但是对贫困人口来说，无疑是雪中送炭。"产业发展稳定"就是不仅产业要具备一定规模，而且市场前景广阔，产品需求稳定，能够保障贫困群众长期、稳定就业。"方便群众就近就业"就是能够把部分产品的生产工序放到村里，让群众在家门口就业。值得一提的是，在扶贫车间发展过程中，菏泽市坚持践行精准理念，按照"一乡一业、一村一品"模式，发挥纺织、服装、板材、柳条编等传统产业优势，通过鼓励引导企业或个人直接出资、财政补贴或帮扶单位协助等方式，多方推动扶贫车间建设，引导劳动密集型产业向贫困乡村布局。此外，菏泽市还积极利用扶贫车间"筑巢引凤"，引进电子产品、儿童玩具、渔网编织等来料加工产业。全市扶贫车间经营从原有的 3 大门类 42 种产业发展到目前 8 大门类 81 种产业，拓宽了群众就业渠道。

最后，逐步规范扶贫车间建设标准，创新扶贫车间运行形式。菏泽市在推广扶贫车间过程中，避免盲目发展，强调规范化建设、有序推进。其一，严格制定扶贫车间建设和管理规范标准。其二，提升扶贫车间服务水平。其三，推广龙头企业布点、返乡创业人员承租、"互联网+"推动、本地能人创办、传统产业带动以及新型经营主体引领等 6 种扶贫车间运行模式。

在上述政策"组合拳"的推动下，不到两年的时间里，菏泽扶贫车间经历了从最初的"小窝棚"到试点扶贫车间建设再到全市推开统一标准建设，建成配套设施齐全的扶贫车间，由1.0版本一步步升级到了4.0版本，确保了贫困群众进得去、干得好，有持续收入，稳定脱贫。从"鄄城试点"到全市推广，见证了菏泽扶贫车间就业扶贫模式的兴起和发展，印证了精准扶贫精准脱贫基本方略的科学性和指导性，彰显了以习近平总书记关于扶贫工作的重要论述为指引做好市县级脱贫攻坚改革创新的重大意义。脱贫攻坚贵在精准，成败之举在于精准。实践中，精准的含义体现在准确把握当地贫困人口的减贫需求和资源禀赋，准确把握外部发展环境所提供的机遇，以改革创新的勇气和智慧，通过一揽子政策支持，将外部发展环境、国家政策扶持与贫困人口的减贫需求和意愿有效衔接。

（二）扶贫车间实践的多方面成效

菏泽扶贫车间就业扶贫模式取得了巨大的成功，有效带动了贫困人口实现稳定脱贫，激发了贫困人口改善精神面貌、生活面貌的主观愿望动能，实现了区域发展与脱贫攻坚的有机结合，提振了乡村集体经济，夯实了基层党组织战斗堡垒作用，促进了地方经济社会发展面貌改善和基层治理能力提升。

1. 实现了稳定脱贫，增强了内生动力

扶贫车间模式，不仅为承接产业转移、推动乡村工业化找到了有力抓手，也为助力贫困人口稳定脱贫提供了有效方法。特别是扶贫车间就建在村头，紧邻学校、幼儿园、卫生室、大队部等，因家有老人或孩子无法外出打工的贫困群众，走几分钟路就能到车间，打工挣钱的同时"上能顾老、下能顾小"，实现了就地就近就业，"挣钱顾家"

两不误。贫困群众在扶贫车间打工，每天收入20元至100元不等，有了稳定的收入来源，消除了"等、靠、要"的依赖心理，增强了自立自强、靠辛勤劳动创造美好生活的信心和志气，使"懒散户转变为勤劳户，'等、靠、要'转变为自己创"。从实践成效来看，扶贫车间吸引了农村劳动力就近就地就业和外出务工人员返乡创业，减少了农村闲散人员数量，使留守儿童有了陪伴，空巢老人有了依靠，留守妇女有了工作，提升了群众的安全感和幸福感。几乎每个扶贫车间都有一个经济能人进行经营管理，他们经过实践锻炼，逐步成为"小老板"和致富带头人，为今后乡村振兴战略全面实施注入了新活力，积累了人才。

2. 活跃了乡村经济，促进了乡风文明

扶贫车间发展了农村二、三产业，带动了农业结构调整，加快了农村一、二、三产业融合步伐，推动了农村经济发展。一些劳动密集型企业利用扶贫车间进行生产，节约了建设成本，降低了用工成本，促进了企业健康快速发展。菏泽全市113家企业通过入驻扶贫车间扩大了生产经营规模，实现了产值增加、效益提升。随着企业生产经营规模的不断壮大，带动了相关产业聚集，增强了产业竞争力。2017年底，菏泽全市人发制品、服装加工、农副产品加工上缴税金同比分别增长46.6%、13%和12.5%。农民群众有了工作，专心生产、增加收入的多了，串门聊天、玩扑克打麻将的少了；相互交流技能的多了，邻里纠纷打架斗殴的少了。扶贫车间项目的成功落地，有效改善了农民精神面貌和乡村社会风气。

3. 夯实了基层组织，密切了干群关系

扶贫车间的建立，为发展贫困村集体经济提供了基础。作为贫困

村可用于经营的村集体资产，村级组织将扶贫车间出租，解决了空壳村问题，增加了村集体收入，提高了带动脱贫和救助贫困户的能力，实现了"抓党建、促脱贫"和"抓脱贫、促党建"的有机统一。同时，扶贫车间使群众交流有场所、收入有地方、见面有机会，这里可以宣传解释党的政策，倾听群众意见建议，解决群众所提问题，从而密切了村党支部与群众的关系。

二、菏泽扶贫车间模式的启示与意义

菏泽扶贫车间建设取得了多方面的成就，深度剖析其发展较为成熟的经验，对于推动扶贫车间就业扶贫模式持续健康发展具有重要的意义。我们认为菏泽扶贫车间模式成功的经验在于：立足资源禀赋，找准发展路子；正确发挥政府作用；因势利导推动产业转型升级；统筹考虑产业发展与农民增收等几个方面。

（一）立足资源禀赋，找准发展路子

山东省菏泽市扶贫车间作为一个就业精准扶贫项目，发展至今所产生的实践成效已远超过其原初的既定目标，呈现出强大的综合效能。回顾菏泽扶贫车间多年来的发展历程，不难发现，扶贫车间之所以在菏泽能够获得快速发展，主要源于扶贫车间能够立足当地的资源禀赋，找准发展路子。其一，菏泽市农村地区有着较丰富的劳动力资源，但是由于村民缺乏就业技能、文化素质较低，同时当地只有农业一项产业，就业机会缺乏。在此背景下，菏泽市采取建设扶贫车间的方式，送技能、送岗位上门，让村民能够在扶贫车间实现就近就业，从而将农村地区富余劳动力充分利用起来。其二，菏泽在扶贫车间产业发展选择上也充分考虑了农村地区劳动人员尤其是贫困户劳动力的基本情

况，项目选择主要针对产业项目是劳动密集型的、计件或计量式的，就业门槛和技术要求低，农民通过简单的培训就能上岗工作，因此能够得到农民的积极响应。其三，菏泽在推动扶贫车间发展过程中，充分抓住了沿海地区和城市地区转变经济发展方式和产业结构转型升级的机遇，通过引进能人返乡创业和城乡协作的方式将沿海地区和城市地区的很多劳动密集型产业转移到扶贫车间发展。正因如此，扶贫车间在近些年能够获得迅速发展。

当前在国家脱贫攻坚政策支持下，我国中西部贫困农村地区基础设施条件有了显著改善，这就为农村工业发展奠定了较好的基础。在有利的发展环境下，中西部其他地区在推动乡村工业发展的过程中，也可以借鉴菏泽经验，立足当地已有的资源禀赋和产业发展特色，充分抓住沿海地区产业转移的发展机遇，找准契合各自地方实际的就业扶贫发展路子。

（二）正确发挥政府作用

如何正确处理政府与市场的关系，正确发挥政府作用一直是地方经济和产业发展的重要议题。不管是20世纪我国第一次乡村工业化还是当前我国中西部地区乡村工业的发展，地方政府都发挥着重要的推动作用。同时，我们看到菏泽扶贫车间的快速良好发展局面，与党委和政府统筹谋划、有力推动是分不开的。这一过程中，地方政府需要根据各时期发展的特点，因势利导地扮演推动者和服务者的角色，并且始终坚持让市场机制在资源配置中发挥决定性作用。特别是地方政府注重政策环境建设，重视区域性、行业性公共产品的供给，帮助扶贫车间获得进一步发展。具体来说，要着力完善乡村工业发展的政策环境，尤其在税收、土地、融资等方面建立健全相关制度，避免因政策瓶颈遏制企业发展壮大的态势；要厘清政府、村集体与经营主体的权责边界，塑造良好的营商环境；此外，还应准确把握乡村工业的未来发展需求，在扩大再生产、技术升级以及建立行业协会等方面做好服务协助工作，充分利用相关资源助推乡村工业进一步发展。

（三）因势利导推动产业转型升级

从工业发展的基本规律和我国东部沿海农村地区工业的发展趋势来看，要想进一步推动乡村工业的发展，实现由工业改善乡村经济社会状况和农村现代化的目标，产业适时进行转型升级是必然的发展趋势。产业由劳动密集型向资本密集型再向技术密集型转型，由粗放型的生产方式转向集约化的生产方式是产业发展的一个基本规律。因此不管是当前扶贫车间的发展还是我国中西部乡村工业的整体发展，都必须高度重视产业的转型升级。尤其在承接产业转移的过程中，中西部地区应时刻具备发展的眼光，充分协调好规模扩张与创新驱动的关系以及国内—国外、线上—线下四个市场的关系，抓住产业发展的机遇，推动中西部地区产业的转型升级。

还应看到，尽管产业的转型升级是产业发展的基本规律，但中西部地区在发展过程中也需要把握产业转型的时机，尤其当前东部沿海地区和内陆一些产业已经开始转向更具人口红利和生产成本更低的国家转移，在承接产业转移的过程中中西部地区也面临较大的竞争。因此在当前一段时间内，中西部地区应该注重创造更具优势的政策环境和发展环境，以吸引更多的产业转移到中西部地区发展，从而壮大中西部地区产业发展的基础，在积累一定的资金、技术和发展经验后，才能更好地进行产业的转型升级。此外，从当前中西部农村地区的劳动力市场和发展环境来看，劳动密集型产业在一段时间内仍具有发展的优势，因此产业的转型升级必须考虑不同产业发展的阶段和发展积累，不能盲目推动。

（四）统筹考虑产业发展与农民增收

从实践层面来看，众多的产业扶贫项目存在着"益贫性"的难题，即在市场规律的作用下，如果不加以引导和规制，市场机制并不天然有利于穷人，恰恰是贫困人口由于自身人力资本积累较为薄弱，难以有效参与到产业发展的过程中并进而分享产业发展的"红利"。而从另一个角度来看，在劳动密集型产业转移过程中，也面临着"合格"劳动力招募的问题，特别是我们看到一些地区在扶贫车间建设起来以后，面临着招工难的问题。如何在产业发展和农民增收之间找准结合点，恰恰是扶贫车间就业精准扶贫模式成功的关键。

第二章

缘起与发展

2014年，国务院扶贫开发领导小组部署实施了被誉为精准扶贫"一号工程"的建档立卡工作，当年10月实现了数据全国并网。根据对全国建档立卡减贫大数据的研究与分析，中国农村贫困人口中有接近半数的人可以通过发展生产和扶持就业的方式实现脱贫。因此在"五个一批"的精准扶贫政策体系中，产业扶贫和就业扶贫占据着非常重要的地位。就此而言，探索有效的就业扶贫模式，无疑是新时期脱贫攻坚过程中必须要解决的实践命题之一。从传统意义上讲，"就业扶贫"主要指的是通过就业援助、就业培训、创业带动就业等措施，提升贫困劳动力就业创业能力，帮扶贫困劳动力实现稳定就业，促进贫困家庭尽快脱贫。然而，从更为宏观的区域转型与减贫发展视域看待就业扶贫，便会发现，新时期以来随着中国区域经济格局的深入调整，就业扶贫面临着诸多新的机遇和挑战。从机遇的角度来讲，近十年来，沿海地区产业结构调整过程中，一些产业特别是劳动密集型产业逐渐向中西部地区转移，这种产业转移的过程，为中西部地区拓展就业扶贫新形式提供了重大机遇；从挑战的方面来看，各地如何立足自身的比较优势，战略性地承接产业转移，活跃地方经济，促进就业带动减贫，仍需要在政策环境、平台建设、人力资本开发和规制建设等诸方面付出智慧和努力。

从全国范围来看，近年来各地相继着手建设扶贫车间以承接沿海地区劳动密集型产业向中西部地区转移,从而带动区域经济发展与就业精准扶贫,但不得不承认,各地的实践成效存在较大差异。那么需要追问的是,经济欠发达地区应该有怎样的准备,才能够更好地对接劳动密集型产业转移的机遇?应该通过怎样的制度设计,实现区域发展与精准扶贫目标的有效衔接?对上述问题的回答,菏泽市扶贫车间就业扶贫模式无疑给出了有益的启示。本章中,我们将着重介绍菏泽市扶贫车间就业扶贫模式兴起的背景、发展的脉络,特别是重点介绍地方政府如何围绕发展扶贫车间带动就业脱贫,发挥好主导作用。

一、菏泽扶贫车间的缘起

从具体的物质形态上看,扶贫车间指的是建在村内或村头,以不同类型的建筑物为载体,通过发展农产品加工业、手工业、来料加工业等劳动密集型产业扶贫项目为主要方式,以促进贫困群众家门口就业为宗旨,实现贫困群众挣钱顾家两不误的目标。扶贫车间最早兴起于菏泽,其雏形是当地百姓自发形成的"小窝棚"加工点,扶贫干部敏锐地意识到"小窝棚"可能蕴含着大潜力,由此菏泽市扶贫办主动作为、积极谋划,在实践中不断发展和完善扶贫车间就业扶贫模式,使其日趋成熟。

(一)扶贫车间的内涵

2015年,扶贫车间就业扶贫模式在菏泽率先兴起,并逐渐在全国推广。这一现象引起了政府、知识界和公众的广泛关注。研究者从扶贫车间的运行特征、实践功能等角度,尝试界定扶贫车间的内涵。例如,有减贫实务工作者指出,所谓扶贫车间,是一个以扶贫为己任的从事生产活动的场所,是实现贫困人口就近就地就业的绝佳方式。[①] 另有相关文献从扶贫车间的组织管理和实现形式角度提出,扶贫车间是"镇、村集体或劳动密集型企业、农民专业合作社等组织和个人,利用土地、学校、厂房、民宅等闲置资源,通过多种模式将农产品加工、手工艺品加工、来料加工等车间建到村上,主要用于吸纳安置建档立卡的贫困劳动力、留守妇女就近就业,从事简单加工生产、龙头企业包销产品的生产车间"。[②] 相对而言,我们认为,全国首个扶贫车间地方标准,即《精准扶贫 扶贫车间——山东省地方标准》中对扶贫车间的概念界定最为全面和准确,即:扶贫车间是建设在乡、村,以不同类型的建筑物为生产经营活动场所,以壮大贫困村集体经济、解决贫困人口就地就近就业为目的,以从事农产品初加工、手工业、来料加工经营等劳动密集型产业为主要内容,实现贫困人口增收脱贫的就近就业扶贫模式。[③] 这一定义充分回答了扶贫车间干什么、怎么建、如何运营、服务对象等问题。通过简要回顾既有关于扶贫车间的界定,结合全国各地扶贫车间实践成效与新时期脱贫攻坚的时代背景,我们认为,扶贫车间的内涵可以从如下几个层次来理解。

首先,扶贫车间就业扶贫模式是菏泽市在习近平总书记关于扶贫工作的重要论述指引下,因地制宜探索出的就业精准扶贫地方模式,并且经实践检验证明了其有效性与科学性,之后逐渐在全国范围推

---

① 重庆市扶贫开发办公室人力处:《对做好贫困农村扶贫车间工作的思考》,http://www.cqfp.gov.cn/contents/121/101512.html,2017年9月8日。
② 陕西省扶贫开发办公室协调一处:《陕西省扶贫车间精准扶贫模式导引》,http://www.shaanxifpb.gov.cn/newstyle/pub_newsshow.asp?id=29018062&chid=100450,2017年11月20日。
③ 山东省质量技术监督局:《精准扶贫 扶贫车间——山东省地方标准》,2017年12月29日。

广。菏泽市地处山东省西南部，是山东省贫困人口规模最大的地级市。2016年初全市有省定贫困标准以下建档立卡贫困人口91.4万人，占山东省贫困人口总数的37.7%，是山东省脱贫攻坚任务最重的地区。菏泽市委、市政府高度重视脱贫攻坚，坚持以习近平总书记关于扶贫工作的重要论述为指引，深入贯彻精准扶贫精准脱贫的基本方略，结合地方发展实际和新时期菏泽发展的外部机遇，以改革创新的勇气与智慧，创造性地实验并推广了扶贫车间的就业扶贫模式。扶贫车间在菏泽取得了巨大成功，带动减贫效应显著，得到了国务院扶贫办的高度肯定，并被纳入中央政治局第39次集体学习12个典型案例之中，在全国范围推广。经过多轮深入实地调研、专家专题研讨，我们认为，菏泽扶贫车间建设经验，生动体现了市县级脱贫攻坚改革创新的重要意义和现实价值，扶贫车间的就业扶贫模式，是新时期精准扶贫地方模式的典型代表，是全面深化改革、创新发展精神在菏泽的经验表现，证明了习近平总书记关于扶贫工作的重要论述的科学性和有效性，证明了改革创新思维对于推动脱贫攻坚、乡村振兴的极端重要性。

其次，扶贫车间的就业扶贫模式，旨在满足人民群众就地就近就业需求，促进贫困人口稳定脱贫。20世纪90年代末以后，伴随着中国经济融入全球市场，特别是沿海地区经济步入快速发展的轨道，中国大地上出现了一个规模庞大的流动人口群体。此时我国的农业经营效益低，农村存在大量显性或隐性的富余劳动力，但乡村并不能够提供充足的就业机会，于是一些家庭成员外出务工便成为众多农村家庭的重要家计决策。从家庭层面讲，在这种家计模式的安排下，家庭内部往往代际之间、夫妻之间存在家庭内部的分工，家庭中年轻的劳动者，特别是男性劳动者外出务工，老人、妇女和孩子则留守在农村。随着沿海地区产业逐渐向中西部地区转移，促进就近就地就业转移，不仅是地方经济发展的现实需要，更能够有效带动农村留守劳动力的就业，吸引外出务工人员回流，进而实现"挣钱和顾家"两不误。扶贫车间正是在上述理念指导下的一种创造，在具体建设中，扶贫车间对建址选择、吸纳劳动力有着明确的要求。根据当地劳动力人口，特别是贫困劳动力人口的技能水平和就业需求分类施策，提供精准帮扶和精细服务，包括选准入驻项目，对贫困人口开展有针对性的技能培训，促进其实现"家门口"就业。

最后，扶贫车间不仅是新时期中西部地区就业精准扶贫的有效实现形式，也是这些地区承接沿海地区产业转移、推动中西部欠发达地区乡村再工业化的有力抓手。进入21世纪以来，随着东部沿海地区产业结构升级，加之劳动力要素成本的上升，东部沿海地区很多劳动密集型产业开始转移到劳动力市场、土地等更具优势的地方。从当前来看，劳动密集型产业的转移途径一是向正处于人口红利、生产成本更低的其他国家转移，二是向国内的中西部地区转移。研究表明，进入21世纪以来，东部地区转向西部地区的产业数量和规模都在不断扩大。而扶贫车间的发展模式无疑为中西部地区更好地承接产业转移提供了一个有效的载体。首先，借助于产业扶贫和乡村振兴机遇，扶贫车间的建设在一定时期内具备较好的政策环境，为车间承租人节约了大量的生产成本。其次，建设在村中的扶贫车间尽管规模不大，但小规模、能够迅速扩张的扶贫车间可以利用其地理优势充分将农村富余劳动力组织起来，提高产量。尤其是对那些将部分生产环节从城市地区转移到扶贫车间的本地企业来说，不仅降低了用工成本，同时还扩大了生产经营规模，实现了产值的增加、效益的提升。而一些发展较好的扶贫车间也通过注册小微企业的方式，逐步实现了更高一级的发展，这些变化无疑有益于培育区域经济新的增长点，增强区域经济发展的内生动力。

（二）菏泽扶贫车间的缘起

扶贫车间属于劳动密集型产业的范畴，其兴起与扩散是劳动密集型产业区域转移的经验表达。发展经济学的理论成果认为，劳动密集型产业的区域转移，遵循比较成本（优势）的经济学原理。由于在劳动密集型产业中，劳动力成本占整体生产成本的比重高，因此劳动密集型产业总是趋向劳动力成本更低的地区转移。如果说扶贫车间是近年来东部沿海地区产业，特别是劳动密集型产业向中西部地区转移的总体趋势与地方比较优势相结合的产物，那么上述经济学视角显然无法解释扶贫车间会率先在菏泽兴起。首先，从区位条件、交通状况来讲，菏泽算不上便利，相比于中部地区其他城市，菏泽称得上是偏远闭塞。其次，从农村劳动力状况来评价，菏泽固然有着较为丰富的劳动力，但具有类似优势和禀赋的地区比比皆是。最后，从与沿海地区劳动密集型产业的联系来讲，菏泽也并不比其他地区显得更特别。那么缘何扶贫车间会率先在菏泽兴起呢？经过深入调研，我们发现扶贫车间率先在菏泽兴起，看似偶然创造，实则蕴含着社会创新的必然逻辑。

1. 历史上生计多艰，百姓勤劳朴实

菏泽市地处鲁西南，与江苏、河南、安徽三省相邻，全市辖七县二区和一个省级经济开发区、一个省级高新技术产业开发区，总面积1.22万平方千米，总人口约1016万。菏泽面积和人口总量分别占山东省的7.8%、9.6%，是山东省内的地域大市、人口大市，而经济总量和人均收入在全省中则排名靠后。菏泽经济社会发展水平相对滞后有着深刻的历史与地缘因素：其一，与东部沿海地区相比，菏泽受近代工业文明影响在时间上晚、强度上弱。由于东部沿海地区交通便利，占据了对外通商方便、投资环境好等优势条件，民族资本也兴起、繁荣于东部沿海地区，这逐步演变为山东东部沿海地区和省内西部地区之间发展差异的基础。而1904年建成的胶济铁路则进一步拉大了山东省内东西部的差距，再加之19世纪末贯通鲁西的大运河的淤浅，致使山东经济重心进一步向东部沿海转移。直至新中国成立之时，山东省内西部地区都大大落后于东部沿海地区。1950年，菏泽地区工业企业仅15家，职工115人，全年总产值427万元，主要为轻工业，技术水平也很低，而同期地处东部沿海地区的烟台一地，工业企业有123家，年产值4718万元，是菏泽的11.5倍。[①] 其二，菏泽扼鲁西南要冲，自古为兵家必争之地，近代菏泽境内的战事仍连续不断。据不完全统计，在80多年间共发生大的战事12次之多，[②] 战事频仍令当地百姓苦不堪言。其三，菏泽历史上紧临黄河，处于黄河"几"字形大拐弯处，历史上饱受黄河水患之苦。仅1912—1947年的36年间，黄河决口26次，平均1.3年就有一次决口。水患兵灾本使得当地百姓生活多艰，加之近代境内一度盗匪猖獗，对社会经济和社会生活带来极大危害。新中国成立以来，菏泽面貌发生巨大改观，区域经济发展和百姓生活不断改善，但由于区位因素、基础设施条件、产业结构等多重因素影响，在山东省内，菏泽发展一直较为滞后。直至当下，菏泽依然是山东省贫困人口最多、脱贫任务最重的地区。生计固然多艰，但菏泽百姓非

[①②] 山东省地方史志办公室：《山东省东西部差距是如何形成的——兼论菏泽地区经济长期滞后的历史原因》，《山东经济战略研究》2000年第1期。

常勤劳朴实。除从事农业生产之外，当地百姓有发展小手工业的传统，在走访中我们就接触到非常多的手艺人。菏泽不仅有心灵手巧的手艺人，更有众多吃苦耐劳、勤劳朴实的普通人，他们身上有一种不服输、不认命的精神。

2. 人力资源较为丰富，特色加工产业基础好

摸清底数，是精准扶贫的基础性环节。只有掌握了贫困人口都是谁、分布在哪里、有怎样的发展愿望和发展基础，才能研究和出台相应的扶持政策。因此，精准扶贫之初，菏泽市即围绕着"对扶贫对象实行精细化扶持、对扶贫资源实行精确化配置、对扶贫目标实行精准化管理"的精准方略，历时近两个月在全市开展拉网式摸查，对87项指标、1387万条数据进行了梳理标注，在全国第一个绘制了"全市贫困人口分布地图""全市省定扶贫工作重点村分布地图""全市产业扶贫分布地图"三张扶贫地图，彻底弄清了"贫困人口在哪里、贫困村在哪里，哪里贫困人口多、哪里贫困人口少，归谁管、由谁扶、怎么扶、如何退"。通过对"扶贫地图"减贫大数据分析和研究发现，菏泽市55%以上的贫困人口具备一定劳动能力，而且就业愿望比较强烈，但有的贫困群众没文化、缺技术，出去找不到活干；有的贫困群众年龄偏大或身有残疾，企业不招；有的贫困群众上有老、下有小，不能或不宜外出打工。这部分人，除每年少量时间用于农忙外，其余时间基本无工可做。从致贫因素上看，就业不充分、就业能力薄弱，是这部分建档立卡户贫困的主要原因。但换个角度来看，这些未充分就业的人口可以成为当地发展扶贫车间、承接劳动力密集型产业区域转移的人力资源基础。

菏泽市农村群众一直有从事人发制品、柳条编、纺线、纳鞋底等家庭手工业加工传统。近年来,随着工业化进程加快,人发制品、服装加工、电子产品、工艺品加工、农副产品加工等劳动密集型企业大多集中在工业区,扩建面临着征地难、手续繁杂等问题,招工遇到了用工难、用工贵的问题。一部分企业开始在乡村设立加工点,把一些技能要求不高的简单工序下放到农村,组织不便外出打工的贫困群众利用农闲时间进行手工加工,不仅降低了用工成本,也帮助贫困群众增加了收入。长期从事家庭手工业的传统,使得当地百姓较为熟悉生产和经营,相关产业亦可以借助扶贫车间的平台成长壮大。就此而言,扶贫车间模式的兴起,同时是因势利导地发挥地方比较优势与对接好外部发展环境红利的产物。扶贫车间的建立,促进了当地"农工结合"传统的复兴,并充分利用沿海地区劳动密集型产业转移的红利期,有力促进了乡村工业发展和民营经济繁荣。

3. 践行精准理念,立足实际开拓创新

2013年11月26日,习近平总书记到菏泽视察,指出"要坚决打好扶贫开发攻坚战,不断改善贫困人口生活",山东省委书记刘家义、省长龚正先后5次赴菏泽进行专题调研,国务院扶贫办和省扶贫办也给予了悉心指导。菏泽市委、市政府把脱贫攻坚作为头等大事、第一民生工程和重大政治任务,认真贯彻精准扶贫精准脱贫基本方略,2014—2016年全市累计减贫118.7万人。在推动脱贫攻坚工作过程中,菏泽市将发展产业、扩大就业放在重要位置,通过出台一揽子针对扶贫车间和当地贫困人口的扶持政策,大力开展以"一户一案"精准扶贫、"一村一品"产业扶贫和"一人一岗"就业扶贫为主要内容的"三个一"脱贫攻坚工程。实践表明,建到贫困村的扶贫车间便是当地政府实现贫困人口就地就近就业增收脱贫的有效途径。特别是菏泽按照

"六驱动、六提升、六结合"的指导思想，突出产业支撑，坚持"建、管、服"并重，推动高效化利用，实现了扶贫车间在有条件的行政村全覆盖。

总之，扶贫车间就业扶贫模式在菏泽率先兴起，固然有当地脱贫增收渠道较为单一、群众就业脱贫愿望强烈，以及当地有较好农村手工业传统等因素的作用，但更为重要的是菏泽市委、市政府积极作为、主动作为，按照精准扶贫精准脱贫基本方略的要求，因地制宜地将区域发展的外部环境与当地资源禀赋和减贫发展需求有机衔接，创造性地推动脱贫攻坚模式改革创新。可以说新时期的脱贫攻坚战中，如何谋划脱贫发展的路径，不仅是党委和政府关心的头等大事，也是老百姓最为关注的第一民生工程。而扶贫车间就业扶贫模式的巨大成功，则恰恰是菏泽市委、市政府主动作为、勇于改革创新、立足经济社会发展以及人口发展特点、积极利用好新时期菏泽发展面临的外部环境的产物。

二、菏泽扶贫车间的发展历程

大致而言，菏泽扶贫车间从最初探索到逐渐成熟，经历了模式缘起、局部试点、全市推广、规范运行几个阶段，并逐渐在全国范围推广。在这一部分，我们以时间为线索，展现菏泽扶贫车间由缘起到成熟的大致历程，并结合调查所获的数据材料，大致展现菏泽扶贫车间发展的整体情况。

（一）模式缘起："小窝棚"加工点的启示

2015年11月23日，为深入了解贫困群众的生产生活情况，菏泽市委副秘书长、市扶贫办主任蔡维超与扶贫办工作人员一道，赴鄄城县董口镇代堂村调研了解冬季贫困农户生活情况。在村民家中，蔡维超主任发现院落西侧有一处用废旧物料搭建起的小窝棚，大约10平方米，中间有一个煤球炉子，8位老太太围坐其中，每个人前面有一筐头发团（即假发产业的初级原料）。据介绍，她们手中干的活——"撕发"（对收集来的人发发团进行简单分类加工整理），一天可以收入13元，其中5角钱作为每日的"租金"交给业主，其余为个人收益，这样一月下来就能挣三四百元。"小窝棚"的生产形式引起了扶贫办一行人的思考，尽管从事该工作每月收入不高，但对于许多贫困群众来说也是一笔可以补贴家用的重要收入。市扶贫办调研组同时认为"小窝棚"可能有着"大潜力"：一方面，这种加工点设置在村民家中，对于那些因自身或家庭原因无法外出务工的群众来说正好可以为他们提供就业便利；另一方面，类似的一些手工加工行业，对于从业人员的自身素质和技能要求都不高，门槛较低，因而文化程度较低、尚未接触过该工种的群众也比较容易上手。有鉴于此，菏泽市扶贫办与鄄城县委、县政府及时进行了沟通交流，建议鄄城县围绕发展手工加工生产带动贫困人口就业增收进行试点探索。此后，鄄城县委、县政府迅速行动，要求各乡镇、街道将闲置的民房、学校、办公场所、厂房等改造为扶贫就业加工点，由"小窝棚"引发构筑的就业扶贫新模式就此应运而生。

专栏 2-1

"小窝棚"带来的政策思考

"小窝棚"加工点是在市场需求下自发形成的民间加工点。2015年冬,菏泽市扶贫办工作人员来到了菏泽市鄄城县董口镇代堂村调研,发现村民家中有"小窝棚"加工点,后证实其他地方也存在这种加工点。按照菏泽市扶贫办蔡维超同志的建议,鄄城县开展了加工点建设的试点,最初主要由部分经营意识强的村民,从县里的企业领来原材料,回本村组织人力,在自己家中或院落中搭建的小窝棚里进行生产加工。在"小窝棚"加工点阶段,因工作环境简陋、设施单一,所进行加工活动亦相对简单,对劳动力技能素质的要求不高,上了年纪的妇女(如年过七旬)都可操作自如。比如人发加工的手工"撕发"环节,是在回收的人发基础上进行最初的加工环节,将杂乱的"发团"撕开,便于后续生产加工。此外,"小窝棚"加工点生产形式非常灵活,老百姓不仅可自己安排劳动时间,而且可以将活儿带回家中做,之后"交货"给加工点。计酬形式包括"计时"或"计件"两种,这类工作一般技术含量不高,因而收入也相对较低,但对贫困农户的家庭生计也形成了一定支撑。

位于鄄城县董口镇代堂村的
扶贫车间原型——小窝棚

小窝棚中留守妇女、老人
正在进行"撕发"工作

（二）鄄城试点：扶贫车间的政策探索

2015年12月，菏泽市委、市政府指导鄄城县董口镇开展试点，将该镇代堂村的闲置活动室、申位庄的闲置粮库等6个地方改造成扶贫加工点，把该镇传统的人发加工、藤编加工、教具加工、扫帚加工、渔网加工、马尾加工搬到了扶贫加工点。在短短一个月的时间里，效果非常明显，每个加工点工人都在60人左右，贫困群众占40%以上。"小窝棚"的升级改造，引起了菏泽市委、市政府的高度关注。2015年12月，时任菏泽市委书记的孙爱军同志到鄄城县临濮镇调研，实地查看了北董庄、马楼、楼子庄的就业点，给予了充分肯定。他看到马楼村的鲁增娟在用足自家闲置房屋的同时，又用塑钢瓦把庭院遮起来，使用面积变得更大，于是建议鄄城县可以参考鲁增娟家的做法，利用各村的空闲地，建设钢结构的标准化扶贫车间，实现"两个全覆盖"：即行政村扶贫车间全覆盖和有劳动能力、有就业意愿的贫困人口就业岗位全覆盖。菏泽市扶贫办对鄄城县推广扶贫车间做法的可能性做了一番探索和求证，经调研发现，鄄城县具备创办扶贫车间的人力资源优势与产业吸纳能力优势。随着扶贫车间建设规模不断扩大，如何确保有足够合适项目入驻就成为必须要解决好的问题。为此，鄄城县加大招商引资力度，全力引进优质项目。通过参加杭州、广州户外休闲用品展览会和广交会，举办推介会，到浙江、广东、青岛等重点区域招商等方式，先后邀请70多家省内外企业到鄄城参观考察，有54家劳动密集型企业租赁了扶贫车间。同时，鼓励引导县内发制品、户外家具、服装加工等劳动密集型产业在扶贫车间设立加工点，动员全县教具加工、扫帚加工、渔网加工等规模较大的家庭手工作坊承租扶贫车间。

专栏 2-2

推动扶贫车间建设试点

受"小窝棚"带动周边闲置劳动力的启发，菏泽市委副秘书长、市扶贫办主任蔡维超同志建议鄄城县开展扶贫车间的建设试点。经过市扶贫办同志与时任董口镇党委书记的李玉如同志进行多轮研讨论证，决定对代堂村的活动室、申位庄村的粮库、西双庙村的养牛场等6个闲置场所进行改造，将董口镇传统的人发加工、扫帚加工、渔网加工、马尾加工搬到扶贫加工试点。在这一阶段，扶贫加工点的面积较之上一阶段得到扩大，其运作在政府指导和推动下更加规范，每个加工点都吸纳了60人左右，其中贫困群众占40%以上。

由校舍改造的扶贫车间   工人正在进行编织加工

开展"试点"阶段，鄄城县不仅积极探索扶贫车间的建设和管理模式，同时注重加强对相关扶持政策和监督管理体系的思考和研究。这些探索，为后来扶贫车间形成成熟政策模式并在全市推广提供了宝贵经验。鄄城试点取得了超出预期的成效，从扶贫车间建设的效果来看，实现了"四送、四有、四赢"，所谓"四送"即送项目到村、送就业到户、送技能到人、送政策到家,通过"四送"的措施来达到"四有"的目标,即村村有项目、户户有良策、人人有岗位、兜底有政策,最后实现"群众赢、支部赢、企业赢、产业赢"的"四赢"目的。①

专栏 2-3

统一规划建设的扶贫车间

扶贫车间以标准化建设的方式在菏泽市鄄城县全县推广,力争实现"两个全覆盖",即实现行政村扶贫车间全覆盖和有劳动能力、有就业意愿贫困人口就业岗位全覆盖。鄄城县组织开展了"双联双创、双百共建"活动,鼓励引导联系村的闲置部门和企业共100个单位,为帮扶村建设1个300平方米左右的扶贫车间。在这个阶段,原计划建设100个扶贫车间,结果企业踊跃参与,实际建设了138个。加上省市第一书记援建以及县乡财政投资建设,截至2018年7月,鄄城县建设和改建标准化扶贫车间408个、扶贫就业点140余个,实现了行政村扶贫车间全覆盖。

---

① 试点取得了多方面的成效,当地的干部群众将其总结为"四赢"。一是"群众赢",即吸纳贫困人口在扶贫车间就业,增强了内生动力,实现了稳定脱贫,一定程度上解决了农村留守妇女和留守老人的就业问题。二是"支部赢",即建设的扶贫车间10多万元的资产归村集体所有,村集体每年可增收10000—15000元扶贫车间租金以及每个村在扶贫车间、村级活动室和学校房顶上搭建了20组52兆瓦光伏发电设备带来的每年纯收益两三万元。村集体收入的增加也增强了党支部的凝聚力、向心力、号召力。三是"企业赢",重点解决了用工贵、用工难的问题。企业成本降低40%左右,增强了市场竞争力。四是"产业赢",包括发制品、户外家具、服装加工等劳动密集型产业,年税收增幅都在20%以上。

3.0 版本的扶贫车间

根据试点经验，菏泽市扶贫办向菏泽市委、市政府作了专题汇报，得到市委、市政府的高度重视。菏泽市委、市政府认为，"鄄城试点"的成功并非偶然，近年来随着东部沿海地区劳动力、土地等要素成本的上升，以及环境容量的压力，青岛等发达地区一批产业纷纷向内陆纵深转移，其他县市也都在纷纷探索如何在承接产业转移过程中，带动地方经济发展。其难点问题在于，如何有效承接产业转移并促进其落地生根。"鄄城试点"成功的价值在于为菏泽对接外部发展机遇、协同推进区域经济发展和脱贫攻坚提供了方法和路径。这种经验如果能够进一步复制和推广，无疑具有重大的现实意义。

（三）全市推广：强有力的政府主导

"鄄城试点"的巨大成功，鼓舞了其他县市发展扶贫车间的信心和决心，相关经验得到了省委、省政府的积极肯定。2016年1月，时任山东省委副书记龚正同志到鄄城调研扶贫工作时对扶贫车间推进就业扶贫的做法给予了充分肯定，要求全市进行推广，尽快实现扶贫车间村村全覆盖和有劳动能力的贫困人口就业岗位全覆盖。菏泽市委、市政府经过深入调查、科学分析、审慎决策，形成了科学完整的推广方案。

首先，市委、市政府主要领导主抓，建立了有力的组织领导体系。时任菏泽市委书记的孙爱军同志多次作出批示，并亲自到县区调研督导，市扶贫开发领导小组坚持每月召开一次现场会或观摩会整体推进。全市整合行业部门资源，发挥市、县、乡三级财政资金在扶贫车间建设中的主体作用，动员企业等社会力量参与，有钱出钱、有力出力，在有条件的村全部建设扶贫车间，将扶贫车间作为脱贫攻坚的重要抓手。

其次，建设完备的政策支持体系，高标准规范化建设扶贫车间。出台菏泽市《扶贫车间财政扶持办法》《扶贫车间金融扶持办法》《扶贫车间规范管理办法》等文件。扶贫车间稳定安置1名贫困人口，给予1000元补贴和3万元扶贫贷款，对扶贫车间建设运营实行税费、用地等优惠。将扶贫车间作为就业技能培训讲堂，整合扶贫、人社、农业、电商等资源，举办免费就业技能培训班，为扶贫车间配备防暑、取暖、通风和视频监控等设备，改善工作环境，完善防护措施，解决群众体面劳动等问题，确保贫困群众进得去、留得下、干得长。

再次，强化产业支撑，鼓励各县乡村因地制宜发展扶贫车间。没有产业就没有就业。菏泽市是农业大市，农业产业门类齐全，现有芦笋、山药、牡丹、中药材等特色种植业，鲁西黄牛、青山羊、小尾寒羊等畜牧养殖业，纺织、服装、板材、柳条编等劳动密集型产业，以及制香、绘画、粉条加工等传统手工业。特别是近年来，菏泽以"一村一品"为抓手,大力推进农业内部结构和种植业结构调整,发制品、户外休闲用品、纺织服装、柳条编等产业迅速发展,在规模以上农副产品加工企业1667家的基础上更加注重以产业带动就业,重点突出传统优势好、就业门槛低、增收效果好、产业发展稳定、方便群众就近就业等5个条件,着力扶持发展特色种植业及劳动密集型产业。按照"一乡一业、一村一品"模式,发挥纺织、服装、板材、柳条编等传统产业优势,鼓励引导企业或个人直接出资、财政补贴或帮扶单位协助等方式,多方推动扶贫车间建设,引导劳动密集型产业向贫困乡村布局。利用扶贫车间"筑巢引凤",引进电子产品、儿童玩具、渔网编织等来料加工产业,全市扶贫车间经营从原有的3大门类42种产业发展到目前8大门类81种产业,有效地拓宽了群众就业渠道。

2016年4月14日,山东省脱贫攻坚现场会在菏泽市召开,现场考察学习菏泽市鄄城县的经验,在全省推广扶贫车间这一就业扶贫模式。与此同时,菏泽市委、市政府决定对全市扶贫车间建设、运营、管理制定统一标准,进一步规范完善,提档升级。

(四)规范运营:引导与服务并重

菏泽在推广扶贫车间过程中,体现出了服务引导与管理规制并重的积极审慎理念,一方面,如上文所述出台了各项政策措施,助力扶贫车间模式推广;另一方面,颁布相关标准,避免盲目发展,强调规范化建设、有序推进。

其一,严格制定扶贫车间规范标准。主要内容包括:为了实现更好地带贫,保证"挣钱顾家两不误",在建设地点选择方面,要求距村头不超过200米,建筑面积不低于300平方米。在确保安全性的同时提升附加价值,在扶贫车间建设方面对房顶承重做出了建设要求,需要能够满足在屋顶安装光伏板所需要的承重标准。此外，在防震抗灾方面，要求车间能够达到抗七级地震的标准。常备灭火器，管理人员能熟练使用，有消防通道，车间附近设置消火栓。同时，为满足生产和务工人员生活需求，车间建设需要统筹考虑供电、供水线路与设施的配备。在附属设施方面，每个车间安装摄像头，建有厕所、车棚等。扶贫车间建设的直接目标是促进就业扶贫，因此要求扶贫车间优先雇用建档立卡贫困人口，其比例不低于全部用工数的30%，对吸纳安置贫困人口较多的扶贫车间给予一定岗位补贴和培训补贴；一定时期内减免部分租金、适当补助水电费；量身定做贷款品种，解决融资难题，充分调动他们的积极性，推动扶贫车间健康发展。在经营管理方面，每个车间要求确保有稳定的生产经营项目，且正常生产经营，能够随时出示原料及产品出入库单据，不断推进扶贫车间管理规范化。最后明确产权归属，由政府、集体投资或使用财政专项扶贫资金以及部门、企业、个人等援建的，要和村集体签订资产移交合同，产权归村集体所有，租赁收入70%用于扶贫，其余30%用于村公益事业，以此更好地发挥扶贫车间的社会效益。

其二，依法确保扶贫车间建设满足劳动保护要求。在劳动保护方面，依据劳动法有关规定，车间经营者与务工人员签订劳动合同，不得无故克扣、拖欠工资。有粉尘、异味等情况的，需提供工作服、口罩等防护用品，切实保障务工人员劳动权益。制定安全生产规章制度，要张贴上墙并严格执行。扶贫车间要备有急救药箱，管理人员需具备急救常识，急救药箱由市卫健委无偿提供，实现扶贫车间与120、110、119等公共信息平台信息互通。在环境卫生方面，车间运营过程中，要保持车间内外干净、整洁，配备空调、电风扇、取暖炉、视频监控等设备，切实改善贫困群众的务工环境。鼓励发展"电商＋扶贫车间"，鼓励有条件的扶贫车间开设网店，推广销售车间产品及本村特色产品。

其三，推广扶贫车间运行的六种模式。一是龙头企业布点。发挥龙头企业辐射延伸作用，引导经济效益好、示范性强的龙头企业在贫困村布局设点。二是返乡创业人员承租。通过出台政策、召开返乡创业大会等，鼓励他们带着信息、技术、资金、项目承租扶贫车间，带动贫困群众脱贫。三是"互联网＋"推动。借助菏泽市电商迅猛发展的优势，鼓励互联网企业把生产加工流程放在扶贫车间，借助互联网寻找加工型企业进行合作。四是本地能人创办。支持有创业能力、创业愿望的能人，通过以亲缘、地缘为纽带的乡邻文化社会网络，参与本村扶贫车间建设运营，为本村贫困群众合理设置岗位。五是传统产业带动。依托手工产品传统产业集群优势，将传统居家分散式加工集中到扶贫车间。六是新型经营主体引领。鼓励他们自己设立扶贫车间，吸纳安置贫困群众就业，并通过"合作社＋农户"的模式，引导贫困户以土地、扶贫资金等入股，年终领取保底金和分红，带动贫困群众稳定增收。

三、从扶贫车间模式看市县级脱贫攻坚改革创新

经过了上述四个阶段的发展，菏泽扶贫车间初步步入了规范建设、规范运营的良性发展轨道。这些举措，体现了菏泽市委、市政府主动作为，积极谋划，扎实推动市县级脱贫攻坚改革创新，通过扶贫车间建设带动贫困人口增收、区域发展，彰显了综合社会效益改革创新的勇气与智慧。

（一）市县级脱贫攻坚改革创新的重要意义

在"中央统筹、省负总责、市县抓落实"[①]的扶贫开发管理体制中，市县一级作用的发挥对于国家和省级精准扶贫、精准脱贫各项决策部署落地生根至关重要，特别是市县一级要切合地方农村减贫与发展的实际需求，以改革创新的思维、勇气和智慧，创造性地将各种支撑地方发展的有利环境因素转化为实实在在的减贫成果。具体来说，市县级脱贫攻坚改革创新的重要意义体现在如下四个方面：

其一，不同于一般性的政策议题和公共治理项目，国家主导的减贫与发展需要切实发挥好中央和地方"两个积极性"。从贫困的成因及其有效治理来看，各地致贫因素、潜在资源禀赋、发展的内外部环境，均存在显著差异。因此，习近平总书记多次强调，精准扶贫要"因地制宜、分类施策"，要"找准发展的路子"。市县两级政府掌握着地方经济社会发展、当地贫困现状和减贫需求等大量有效信息，在结合实际贯彻落实中央和省级层面大政方针，形成切实可行的"政策操作文本"方面，发挥着不可替代的作用。[②]

其二，市县两级是减贫与发展的基本单元，相对于省一级而言，市县辖区各区县，面对的减贫需求和发展条件较为近似，有利于统筹谋划改革举措和政策部署。以山东省为例，从胶东半岛到鲁西南，各

[①] 党中央、国务院主要负责统筹制定扶贫开发大政方针，出台重大政策举措，规划重大工程项目。省（自治区、直辖市）党委和政府对扶贫开发工作负总责，需要结合省情，抓好目标确定、项目下达、资金投放、组织动员、监督考核等工作。市（地）党委和政府主要职责在于做好上下衔接、域内协调、督促检查工作，把精力集中在贫困县如期摘帽上。县级党委和政府承担主体责任，书记和县长是第一责任人，需要结合县域实际，做好进度安排、项目落地、资金使用、人力调配、推进实施等工作。

[②] 吕方、梅琳：《"复杂政策"与国家治理》，《社会学研究》2017年第3期。

地在发展基础与条件、减贫形势与挑战等诸方面存在较大的差别，没有办法按照统一的模式推动脱贫攻坚。菏泽市地处鲁西南，虽然辖区各县也存在发展程度的差异，但整体上面临着较为近似的挑战和机遇。因此，市县级脱贫攻坚改革创新，既是抓政策落实的基本单元，也是改革创新的基本单元。如何把握机遇，把中央、省两级营造的良好政策环境，把近年来菏泽地区发展的外部机遇，转化成实实在在的减贫成果，是市县级脱贫攻坚的基本任务。

其三，从城乡融合发展的角度来看，市县范围构成了相对完整的区域经济地理单元。统筹布局市县工业体系、城镇体系，充分挖掘当地各类资源和潜能，是整体谋划改革发展的现实路径。经济地理研究表明，经济增长极对于临近区域的带动效应，会逐渐散射为覆盖城乡的产业体系。以中西部地区承接产业转移为例，中心区县往往是吸引大型龙头企业的桥头堡，而相关配套产业则可以分布到各县乡，从而带动当地就业和农民脱贫增收。就此而言，以市县为基本单元，统筹谋划地方改革发展，以区域发展带动脱贫攻坚，是精准扶贫的基本方法。

其四，解决基层治理体系和治理能力的重点领域在市县两级，特别是在推动地方经济社会发展和脱贫攻坚过程中，同步补齐基层治理短板，重点在市县两级。完善基层治理体系，提升治理能力，内在地包含加强和改善党对基层工作的领导，增强基层党组织凝聚人心、促进发展的战斗堡垒作用，增强党和人民群众血肉联系，包括提升市、县、乡三级政府组织，各相关部门推动地方改革发展、驾驭地方复杂事务的本领和能力。应当看到，脱贫攻坚不仅仅是完成指标性的要求，更为根本的内容是构筑稳定脱贫的长效机制，提升区域内生发展动能，改善基层治理体系和治理能力。

上述四个方面，讨论了市县级脱贫攻坚改革创新的重要意义，也为我们研究菏泽经验提供了基本的理论视角和方法。不难发现，菏泽扶贫车间模式的兴起和巨大成功，充分体现了推动市县级脱贫攻坚改革创新的重要性。

（二）扶贫车间与精准扶贫实现形式创新

在新时期国家贫困治理体系中，市县级因地制宜推动脱贫攻坚改革创新，是精准扶贫精准脱贫基本方略落地的关键。菏泽扶贫车间的探索与实践，恰恰是市县级脱贫攻坚改革创新的生动体现，其实质在于按照习近平总书记关于扶贫工作的重要论述的指引，科学研判地方经济发展与脱贫攻坚的形势，找准二者的结合点，以改革创新的思维、勇气和智慧，推进地方脱贫攻坚改革创新，探索精准扶贫的地方模式。

菏泽扶贫车间就业扶贫模式的成功，充分证明了习近平总书记关于扶贫工作的重要论述的指导性，充分证明了精准扶贫精准脱贫基本方略的科学性，充分证明了新时期"中央统筹、省负总责、市县抓落实"扶贫管理体制的有效性。市县级脱贫攻坚与经济社会发展工作，要在不折不扣执行好中央和省级战略部署、政策安排的基础上，坚持改革创新的观点，找准契合地方实际的发展路子。在此意义上，菏泽不仅提供了新时期欠发达地区就业扶贫的可复制样本，同时生动展现了地方因地制宜推动脱贫攻坚改革创新思想的重大意义。

回顾菏泽扶贫车间的发展历程，可以看出除了勇于改革创新外，菏泽还坚持实事求是，尊重农民首创精神、产业发展规律和减贫脱贫规律，正是三者有机结合，造就了扶贫车间模式的强大生命力。特别值得一提的是，菏泽人保持了发展的定力和理性，不妄自菲薄、不自足自满，始终坚持改革创新在路上。可以说菏泽的脱贫攻坚已经取得了决定性胜利，但菏泽市委、市政府坚决摒弃和抵制歇脚缓劲思想，以一如既往的改革创新勇气探索菏泽扶贫车间的转型升级道路，菏泽市委、市政府清醒地认识到，目前扶贫车间虽然已经取得了重要成绩，但如果故步自封，就会丧失良好的发展局面；相反，坚持全面深化改革，推动扶贫车间转型升级，则有望进一步促进区域经济大发展，促进地方民营经济部门进一步活跃，探索出新旧动能转换与城乡融合发展的有效路径。而这种不断改革创新的精神，正是中国共产党人领导社会主义事业不断从胜利走向胜利的关键，是40多年改革发展成就重要的精神力量之一。

第三章

运行与特点

从"鄄城试点"到全市推广,菏泽扶贫车间就业扶贫模式逐渐成熟。本章重点介绍菏泽推动扶贫车间建设的主要做法、菏泽扶贫车间运行的方式及其特点。我们认为,菏泽在推动扶贫车间建设与管理方面形成的有益经验,能够为其他县市提供参考和借鉴。特别是可以从菏泽扶贫车间建设与管理的案例中,更为深入地理解扶贫车间在建设与运营过程中如何更好发挥政府的引导作用和市场主体在资源配置中的决定性作用。

一、菏泽如何推动扶贫车间建设与管理

回顾菏泽扶贫车间发展的历程,不难发现,从试点到推广的各个阶段,菏泽市委、市政府都主动作为,根据各阶段特点,审慎决策、周密部署,从而发挥好政府的作用,促进扶贫车间快速发展及其综合性社会效益显现。在这一部分,我们将着重介绍经过"鄄城试点"阶段以后,菏泽市在全市范围推广扶贫车间就业扶贫模式时期的主要做法。

(一)各级党委高度重视,统揽全局有力推动

扶贫车间的模式起源于群众创造,但仅仅依靠群众自发努力,扶贫车间模式是难以发展壮大的,其发展壮大的关键在于政府正确引导和扶持。从"鄄城试点"到全市推广,扶贫车间模式发展壮大的过程,体现了菏泽市委、市政府高度的政治责任感、改革创新精神和实践攻

关能力。精准扶贫以来，菏泽市委、市政府高度重视扶贫开发工作，把脱贫攻坚作为全面建成小康社会的刚性目标、底线任务和标志性指标，作为一项必须完成的政治任务，牢牢扛起脱贫攻坚的政治责任，统一了思想和认识，把功夫用到帮助贫困群众解决实际问题上，把政策资金用到贫困人口受益的扶贫项目上，把领导干部的精力用到进村入户抓落实上，全方位、多层次强力推进脱贫攻坚，以前所未有的力度有力推进。菏泽扶贫车间模式的兴起与发展成就，得益于菏泽市委、市政府举全市之力，全程指导、全程参与、全链条服务。

（二）构建对扶贫车间的政策支持体系

围绕着推动扶贫车间发展，带动贫困人口脱贫增收，菏泽市先后出台了《扶贫车间财政扶持办法》《扶贫车间金融扶持办法》《扶贫车间规范管理办法》等文件，加强对扶贫车间发展的扶持。主要内容包括：（1）对承接、领办扶贫车间的负责人，以减贫带贫实效为依据，兑现致富带头人应享受的政策扶持。（2）对设立扶贫车间的企业吸纳就业困难人员就业并签订劳务协议的，按规定给予社会保险补贴和岗位补贴。（3）设立扶贫车间的企业（个人）按规定享受创业扶贫担保贷款政策和贴息，并按招用符合申请创业担保贷款条件的人数，给予创业扶贫担保贷款。（4）鼓励企业自主培训，按照有关规定落实培训补贴。（5）扶贫车间用电按照农村用电标准收费。（6）各县区为扶贫车间经营者办理工商、税收、卫生等经营证件提供便捷服务，对符合注册公司的车间，免费帮助其登记、注册，一定时期内所缴纳增值税、所得税地方所得部分，当地政府实行"先征后奖"，扶持企业扩大再生产。按照政策规定，扶贫车间稳定安置一名贫困人口，给予1000元补贴和3万元扶贫贷款，对扶贫车间建设运营实行税费、用地等优惠。同时，将扶贫车间作为就业技能培训的讲堂，整合扶贫、人社、农业、电商等资源，举办免费就业技能培训班。此外，菏泽坚持在推动扶贫车间快速发展过程中，推动标准化建设，加强政府的监管和引导，避免盲目发展，强调规范化建设、有序推进。特别是通过为扶贫车间配备防暑、取暖、通风和视频监控等设备，改善工作环境，完善防护措施，解决群众体面劳动问题，确保贫困群众进得去、留得下、干得长。

上述政策举措，不仅有力促进了扶贫车间就业扶贫模式在菏泽的快速扩展，而且建立起了扶贫车间与村集体、贫困人口之间稳定的利益联结机制。通过技能培训，原本从事农业生产的留守劳动者，快速适应了车间生产的技能要求，获得了稳定而体面的工作，通过加强扶贫车间在劳动环境、劳动保护等诸方面的投入和监管，实现了劳动者就业舒心、工作体面，深受当地群众好评。

特别值得一提的是，菏泽关于扶贫车间政策扶持的举措，为相关经验在山东省全省乃至向全国推广，提供了有益借鉴。我们可以从山东省关于扶贫车间政策激励的文件中，清晰地看到菏泽经验的影响。

专栏 3-1

山东省关于扶贫车间的政策激励

打造农村扶贫车间就近就地就业模式。鼓励利用乡镇、村集体闲置土地房屋创办厂式扶贫车间，或设置分散加工的居家式扶贫车间，组织农村贫困人口从事适合设在农村的农产品加工、手工工艺等生产活动或来料加工业务，发展"一村一品"特色产业，为农村贫困人口在家门口就业创造条件。对设立扶贫车间的企业，可按规定享受创业担保贷款政策,对吸纳就业困难人员就业并签订劳动合同的,可按规定享受社会保险补贴和岗位补贴。鼓励扶贫任务重的县(市、区)设立扶贫车间,与农村贫困人口签订劳动合同的,并在12个月内给付达到当年省定贫困线标准以上报酬的,按每人1000元的标准给予扶贫车间一次性奖补,所需资金从各地创业带动就业扶持资金中安排。省级创业带动就业扶持资金对具有首创示范效应的县给予一次性奖补。奖补资金主要用于扶贫车间的设立和管理运行经费。

——资料来源:山东省人力资源和社会保障厅、山东省扶贫开发领导小组、山东省财政厅:《关于贯彻落实省委、省政府扶贫开发工作部署坚决做好就业与社会保障精准扶贫工作的通知》,2016年5月16日

扶贫车间一次性奖补。支持扶贫任务重的县(市、区)利用乡镇、村集体闲置土地、房屋创办厂房式扶贫车间,或设置分散加工的居家式扶贫车间。对与建档立卡农村贫困人口签订承揽合同,并在12个月内给付达到当年省定贫困线标准以上报酬的扶贫车间,可按每人1000元的标准给予一次性奖补,所需资金由市级创业带动就业扶持资金安排。扶贫车间设立方向所在地人力资源社会保障部门申请奖补资金时,应提供建档立卡贫困人口花名册、承揽合同、报酬领取证明等材料,具体申领办法由各市制定。奖补资金主要用于扶贫车间设立和管理运行支出。

——资料来源:山东省财政厅、山东省人力资源和社会保障厅:《关于印发〈山东省创业带动就业扶持资金管理暂行办法〉的通知》,2016年12月20日

规范提升就业扶贫车间:统一"就业扶贫车间"规范管理。推进"就业扶贫车间"升级建设。推动设立创业扶贫工坊:鼓励贫困

人口参加创业活动。加大贫困人口创业服务力度。大力开发公益扶贫岗位：分类设立公益扶贫岗位。落实公益扶贫岗位扶持政策。定向开展劳务协作扶贫：创新劳务协作扶贫模式。加大劳务协作扶贫支持力度。积极开展就业扶贫政策。

——资料来源：山东省人力资源和社会保障厅、山东省财政厅、山东省扶贫开发领导小组：《关于进一步加大就业扶贫力度的通知》，2017年3月6日

基本原则：坚持政府推动。市场运作坚持因地制宜，注重实效。坚持聚焦扶贫，长效运行。坚持统筹兼顾，互促共赢。规范有序推进：科学选择扶贫产业；合理确定投资主体；多种形式推进发展；规范车间建设管理；发挥带动脱贫作用；促进贫困人口稳定就业。强化保障措施：加强组织领导；加大政策扶持；强化监督管理。指导性文件明确了对扶贫车间的各项政策扶持。对设立扶贫车间的企业，按照有关规定，给予社会保险补贴、岗位补贴和扶贫车间一次性奖补，给予创业扶贫担保贷款和小额扶贫信贷等政策支持。统筹各类培训资源，为扶贫车间就业贫困人口提供培训，按规定给予培训补贴政策支持。协调引导银行业金融机构与当地扶贫车间对接，优先满足企业投资建设扶贫车间及扶贫车间产业项目的信贷资金需求。鼓励各地对吸纳安置贫困人口较多的扶贫车间，在建设用地、税收、水电、租金等方面，按照有关规定给予优惠政策。

——资料来源：山东省质量技术监督局、国家市场监督管理总局、中国国家标准化管理委员会：《山东省地方标准DB37精准扶贫扶贫车间项目运营管理规范》，2018年5月18日

（三）靶向招商引资，扶持返乡创业、创新创业

解决了基础设施建设和激励政策安排的问题，菏泽扶贫车间发展

面临着另一个必须处理好的问题,即扶贫车间入驻项目从哪里来?经过深入摸底调研,发现近年来一些长期外出务工人员多有返乡创业的愿望和能力,而本地亦不乏有创新创业精神的能人。然而,众所周知,无论是返乡创业,还是创新创业,仅仅依靠个人的努力还不够。各地经验表明,推动返乡创业、创新创业,政府应积极有为。有鉴于此,菏泽市委、市政府推出多项举措,一方面加强招商引资,另一方面积极搭建创新创业平台,扶持返乡创业和创新创业。

首先,加强招商引资,选好用好入驻项目。在扶贫车间建设的初始阶段,主要是依托当地传统加工业和本地原有企业延伸产业链或分解产业环节到车间。随着车间建设规模不断扩大,这种模式难以提供足够的项目支持扶贫车间的运营。有鉴于此,菏泽市借助山东省新旧动能转换、大力推进乡村振兴"齐鲁样板"建设和省内东西扶贫协作等发展机遇,围绕着扶贫车间建设发展,加大招商引资力度,加强对项目实施可行性、成本与效益的分析论证,着力引进一批农产品加工、手工工艺、制衣、电子、来料加工等用工人员多、容易上手、工时灵活的劳动密集型企业。

其次,搭建返乡创业平台,发展"归雁经济"。外出务工人员特别是长期外出务工人员是中西部欠发达地区与沿海经济发达地区之间的纽带,他们熟悉生产和管理,深得老板的信任与赏识。在发展扶贫车间的同时,吸引这些外出务工人员返乡创业,不仅能够为扶贫车间寻找到稳定的高质量订单,也可以带动产业在区域之间的转移。菏泽市政府通过大力发展"归雁经济",推出返乡创业"20条意见",市财政安排2亿元创业担保基金和2000万元返乡创业专项扶持基金,争取吸引优秀人才带资金、技术和项目返乡创业,带动贫困群众就业增收。实践表明,这些政策激励收到了良好效果。据不完全统计，截至 2018 年 7 月，已累计有 7.5 万人返乡创业，领办、创办经济实体 3.8 万余家，其中承租扶贫车间 567 个，辐射贫困人口 7956 人。2017 年以来返乡创业人员兴办企业 2239 家、个体工商户 8208 家，带动就业 5.1 万人，其中贫困人口 1.3 万余人。同时，菏泽市加强返乡创业人员服务平台建设，率先设立市级返乡创业管理服务中心，在 11 个大中城市建立了返乡创业服务站，新增返乡创业服务站于 2017 年底达到 34 个，各县区设立的服务站达到了 73 个。组织开展了全方位、多层次的宣传推介活动。

专栏 3-2

菏泽市返乡创业人员金融扶持政策

提供创业（扶贫）担保贷款及贴息。符合条件的创业人员，可申请 10 万元以内（含 10 万元）创业担保贷款，期限最长不超过 3 年，利率可在贷款合同签订日贷款基础利率的基础上上浮不超过 1 个百分点，第一年给予全额贴息，第二年贴息三分之二，第三年贴息三分之一。符合条件的小微企业，可申请 300 万元以内（含 300 万元）创业担保贷款，期限最长不超过 2 年，按照贷款合同签订日贷款基础利率的 50% 给予贴息。对金融机构向符合条件的自主创业农村贫困人口及吸纳农村贫困人口就业的生产经营主体（单位）发放的创业扶贫担保贷款，按照《山东省创业扶贫担保贷款资金管理办法》规定给予贴息和担保扶持。

最后，建立"创客基地"，扶持创新创业。菏泽积极引导有创业能力、创业愿望的农村青年参与本村扶贫车间建设运营，建立村级"创客基地"。注重培育优秀扶贫车间，将扶贫车间打造成创业创新孵化基地，支持具备条件创业人员注册小微企业。积极探索有利于农村集体经济发展、农民致富和农村稳定的扶贫车间升级新路径，加强扶贫车间与产业基地、种养加工特色产业、电子商务、乡村旅游、光伏发电等扶贫项目有机衔接，鼓励产业基地、电商等企业把生产加工部分流程放在扶贫车间，将扶贫车间打造成产业振兴的好平台。

总的来说，菏泽在积极有为推动扶贫车间基础设施建设和政策供给的同时，强化对入驻产业的遴选、规制和服务，坚持发挥好政府作用，收到了良好效果。

（四）提供行业公共产品，促进集群产业快速发展

随着菏泽扶贫车间的发展和扶贫产业规模的不断扩大，维持和保障行业健康发展，就需要政府承担起一定的公共产品供给责任，推动行业性区域性、公共产品供给，进而带动整个产业的快速可持续发展。具体来说，目前菏泽在行业性公共产品供给方面，主要开展了以下两个方面的工作。

其一，人力资本建设。将留守人口转化为"车间工人"，企业自主培训是一种思路，但政府战略性地开展人力资本建设与开发，不仅能够快速补齐留守人口的技能短板为企业减轻负担，也有助于地方人力资本优势的进一步提升。菏泽市高度重视围绕扶贫车间开展各类技能培训。把贫困群众技能培训作为推进扶贫车间发展的有效突破口，充分发挥扶贫车间作为培训基地的作用，鼓励企业利用扶贫车间建立劳务培训基地，采取"请进来培训、走出去学习、县内企业实践"相结合的方式，开展多类型、多层次就业培训活动，提升群众生产技能。

特别是注重技能形成与扶贫车间发展需求之间的动态衔接，提升技能培训工作安排对于车间发展需求的回应性。

专栏 3-3

菏泽市电商人才培训

顺应菏泽市电子商务快速发展的趋势，积极推广电商培训。2018年1—6月菏泽市共举办不同层次、不同级别的电商培训班331期，培训电商人才3.84万余人，其中培训贫困人口3960余人，不仅让贫困户"增收"，更让他们"增能"。培训涉及如何利用电商平台拓展农产品销售渠道、有关农村电商发展的政策措施、当前农村电商的发展形势等内容。同时，从电商案例分析、电子商务基础知识、农产品上行与互联网品牌发展思路、如何利用自身优势发展电子商务等方面进一步加强培训。

其二，举办各类展销会、宣介会，集中推广菏泽扶贫车间产品。展销会是扩大地方产业影响力、提升品牌美誉度的重要形式。如果视展销会为行业性公共产品，由于这种公共产品的外部性特点，往往单个的企业不会有动力来举办展销会。但扶贫车间产品展销会对于扶贫车间而言有利于其在激烈的市场竞争中快速找到市场，以促进扶贫车间品牌产品的口碑宣传及销售，对于今后的市场营销也具有重要的价值与意义。因此，菏泽市通过积极主办各类展销会来树立扶贫车间形象，为扶贫车间转型升级寻求合作，这些做法，深受扶贫车间承租人的好评，并且也收到了良好的效果。

专栏 3-4

首届"扶贫车间"产品展销会

2018年10月17日,适逢第五个国家扶贫日、第26个消除贫困日,菏泽市在菏泽(中国)林展馆正式启动首届菏泽"扶贫车间"产品展销会。会展集中展示了来自于菏泽市11个县区168个乡镇442个扶贫车间生产的产品,以及38个省市派第一书记帮包村特色农产品。展会期间,活动主办方还组织扶贫车间与电商平台签销产品活动,举办"我眼中的脱贫攻坚"摄影图片展、社会募捐和聚焦菏泽扶贫脱贫经验做法的全国网络媒体菏泽行等系列活动。

在此次菏泽扶贫车间产品展销会中,共有菏泽市11个县区168个乡镇(办事处)的442个扶贫车间参展。在脱贫攻坚实践中,菏泽市坚持体制机制创新,尊重群众在脱贫攻坚中的主体地位和首创精神,总结推广的就地就近就业的"扶贫车间就业扶贫模式"被纳入中央政治局第39次集体学习参阅的精准扶贫案例,并获得了2017年度全国脱贫攻坚创新奖。

本届展销会由中共菏泽市委、菏泽市人民政府、山东省互联网传媒集团共同主办,由菏泽市扶贫开发领导小组办公室和大众网菏泽站联合承办。展销会以"就近就地就业、双手脱贫致富"为主题,以"宣传党的扶贫政策,展示菏泽扶贫成就,拓展产品销售渠道,增加贫困群众收入"为目的,以扶贫车间产品为龙头,让扶贫产品集中亮相,真正架起贫困村与大市场对接的桥梁,更好地推动扶贫车间向发展车间、致富车间转变。

（五）加强贫困人口的就业能力建设

扶贫车间诞生伊始，就具有鲜明的助贫属性，其建立的初衷在于通过发展乡村工业带动贫困人口实现就业、稳定脱贫。但必须承认，与一般群体相比，贫困人口在提升自身技能与信心、参与车间生产等方面，面临着更大的困难。为此，菏泽市扶贫办从开展有针对性的技能培训、实施"一户一案"精准施策方法等方面入手，加大对贫困人口的就业扶持力度。

1. 技能培训

在扶贫车间的建设管理过程中，遇到的最大困难就是工人的培训问题。多数扶贫车间从项目落地到稳定生产，都要经过一个瓶颈期，一是工人学不会就会厌工，二是工人嫌钱少弃工。很多贫困人员有肢体上、智力上、心理上的先天不足，他们在工作之初，往往自信心不够，操作不熟练，工作质量不高，容易给车间造成损失，个人也得不偿失，厌工弃工现象时有发生。为此，政府指导县乡及时聘请了专业人员，对部分工人手把手地教，面对面地谈心，鼓励他们坚持下去，尽快成为熟练工。这个周期一般需要三个月的时间，一旦突破这个"瓶颈"，会发现一个很有趣的现象，就是贫困工人会把到车间干活当成一种生活方式，把扶贫车间当成家，格外爱护，感觉活得也非常体面。

在大力推进扶贫车间建设的同时，菏泽市扶贫办积极开展农村劳动力转移培训和就业技能免费培训，组织开展"青春扶贫行动""春风行动"等，确保每个有劳动力的贫困家庭至少掌握一项致富技能，提高创业就业能力。调研发现，凡工人培训到位的车间，一般订单稳定，产品质量有保证，工人工资水平高、干劲饱满，公司和扶贫车间合作关系稳固。推行"短平快"职业技能培训,加强人社、环保、扶贫等部门与有关入驻车间企业衔接协商,围绕扶贫车间的技能培训需求,以集中培训与订单培训相结合方式,对具有劳动能力并有培训意愿的农村贫困人口实行免费培训项目清单制度,组织开展"技能培训车间课堂""培训大篷车下乡"等专项活动。据不完全统计,2016年至2018年,已组织专场招聘会264场次,跨地区有组织劳动输出贫困人口19924人;介绍农村贫困人口就业21955人;组织参加职业技能培训贫困人口15820人;接受创业服务贫困人口8976人;组织参加创业培训8105人。菏泽市积极开发卫生保洁、治安巡防、道路交通管理、绿化美化、养老服务等公益性岗位,优先安排符合岗位要求的贫困人口就业。

2. "志智"双扶

坚持扶贫先扶志、扶志与扶智相结合是中国扶贫开发道路的重要经验。习近平同志在《摆脱贫困》一书中就着重强调了"扶贫先扶志"的重要性,他认为精神的贫困比物质的贫困更加可怕,扶贫工作过程中,要着重消除"安贫乐道""穷自在""等、靠、要"的思想观念和行为惯习。扶贫车间的宗旨是扶贫,扶贫车间的建立,为贫困人口在家门口就业提供了有效的平台和载体,但部分群众思想观念较为滞后,不愿干、不会干、不想干的现象在一定范围和一定时期颇为普遍。因此,菏泽市在推动扶贫车间建设过程中,注重对贫困人口的"志智双扶"工作,要求各区县根据车间用工需求情况,充分发挥村"两委"、第一书记、帮扶责任人的作用,通过村内广播、入户发动等进行宣传,鼓励有劳动能力、有劳动意愿的贫困人口到扶贫车间就业务工。对由于家庭或个人原因,不愿或不能到扶贫车间务工的,要靠上门做思想工作，鼓励他们到车间务工或"居家就业"，帮助其树立靠双手劳动过上美好生活的信心。

菏泽市创新性地提出了"双向承诺"工作机制，帮扶单位与贫困村、帮扶干部与贫困户签订精准扶贫"双向承诺书"。菏泽市扶贫办把发挥市县直部门单位的职能优势、帮扶干部的技能特长与调动贫困群众积极性、主动性结合起来，在精准施策上出实招，在精准推进上下实功，在精准落地上见实效。组织1267个市县单位与1576个省扶贫工作重点村签订精准扶贫到村双向承诺书6304份，4.9万名干部与22万户贫困户签订精准扶贫到户双向承诺书，填写扶贫手册，拉起了帮扶人与被帮扶人责任落实"两条链"，促使帮扶单位、帮扶干部投入更多精力、智慧和感情抓脱贫，增强贫困群众脱贫致富的内生动力。签订了双向承诺书的帮扶责任人根据贫困对象致贫原因和脱贫需求，逐户逐人定制帮扶措施。贫困村、贫困群众自愿接受帮扶，不等不靠，主动配合帮扶单位、帮扶干部开展工作，积极参加技能培训和岗前培训，认真搞好增收项目发展及其他生产。

此外，通过扶贫车间公益岗位设置，吸纳以老年人、留守妇女为主的贫困人口就地就近就业。贫困人口凑在一起，形成了学着干比着干、越干越会干、越干越想干的氛围。通过设置扶贫联络员、卫生保洁员等公益岗位，组织贫困群众参与生产、摆脱贫困。创建特色产业扶贫基地，通过建立健全新型经营主体与贫困户之间稳定的契约关系和利益联结机制，提高贫困群众的自我发展和持续增收能力。

专栏 3-5

"志智双扶"典型案例

鄄城县在推动扶贫车间建设和带动贫困人口脱贫实践中，发现大部分贫困群众属于老弱病残群体，没有一技之长。为此县里要求扶贫车间要尽可能针对贫困户设置专门岗位，最大限度吸纳贫困人口就业。如李进士堂镇李黄庄村扶贫车间，主要从事服装加工，该村贫困人员张本斗、刘凤英到车间务工后，经过培训仍然操作不熟练，一度产生了不想干的念头。经过镇村干部做工作，承租扶贫车间的老板修文明根据两人实际情况分别安排张本斗在扶贫车间打扫卫生，每天10元钱报酬，安排刘凤英在车间剪线头，每天有20余元的收入。专门的岗位，让贫困户有了自身发展的舞台，体现了个人的价值。

——资料来源：访谈记录整理

鄄城县箕山镇箕山村扶贫车间主要从事藤编加工，2018年车间务工人员86人，其中贫困人员35人。车间对务工人员上工要求实行弹性工作制度，只要务工人员有空闲，任何时间都可以到扶贫车间打工，每月根据完成的产品件数计算工资，多劳多得。孙想格，女，43岁，建档立卡贫困户，箕山行政村后寨自然村人，下肢三级残疾，无法外出打工，两个儿子都在上学。要强的孙想格既想照顾家，又想找份工作补贴家用，但由于要为上学的孩子做饭，没有整块时间务工，去工厂务工挣钱的愿望一直未能如愿。箕山村扶贫车间建成投产后，孙想格看到扶贫车间实行弹性工作制，就积极报名，成为来到车间就业的第一批工人，平时在车间完不成的任务就拿到自己家中利用晚上的时间完成,就这样孙想格一个月有1700元的收入,实现了挣钱顾家两不误。

——资料来源:访谈记录整理

鄄城县贫困户连经文,老伴患有脑动脉硬化、精神疾病,无劳动能力。大伟纺织有限公司承租村里的扶贫车间后,了解到老人生活困难,专门设立爱心岗位让连经文从事扶贫车间内外的保洁工作,每月工资500元,既增加了老人的收入,又维护了老人劳动的尊严。

——资料来源:访谈记录整理

二、菏泽扶贫车间的兴办形式

前文已述,扶贫车间在鄄城试点阶段,主要依托当地传统加工业基础,将适合扶贫车间生产的加工环节纳入项目储备运作。随着扶贫车间规模逐步扩大,菏泽扶贫车间的兴办形式渐趋多元,主要包括龙头企业布点型、返乡人员创业带动型、本地能人领办型等。多元的兴办形式,不仅为扶贫车间发展壮大带来了契机,也为承接沿海地区产业转移、活跃地方经济提供了有效的平台。扶贫车间的建设与推广,固然政府发挥了积极的引导和扶持作用,但发挥决定性影响的还是市场机制。

(一)龙头企业布点

在扶贫车间推广初期,菏泽市政府引导经济效益好、示范性强的龙头企业在贫困村布局设点,使其充分发挥龙头企业的辐射延伸作用。几年来,龙头企业带动扶贫车间以及贫困户增收,探索出了几种有效发展的模式。

1. 把扶贫车间建成龙头企业的直营车间

菏泽市组织当地龙头企业将合适的加工环节安排到扶贫车间，将扶贫车间建成龙头企业的直营车间。实践表明，扶贫车间作为龙头企业直营车间的做法对企业扩大生产规模、降低生产成本发挥了显著作用，同时也为当地乡村劳动力尤其是建档立卡贫困户提供了稳定的就业岗位。如位于菏泽市成武县的省级扶贫龙头企业呱呱鸭公司，直接承租扶贫车间，由公司指派扶贫车间的管理人员，养殖工人为当地就近居住的农户。扶贫车间与产业园区养殖实行公司统一标准和规范，"统一配送鸭苗、统一技术服务、统一配送饲料、统一疫病防控"。扶贫车间一年能养殖五到六茬肉鸭，一年可养殖5万只，在全镇带动二三千人就业。该公司还规划设计了符合科学养殖体系的三层养殖车间，每个车间投资150万元，已投入建设。再如菏泽帝威服饰有限公司，从2016年开始，该公司下设、承租17个小家庭作坊与扶贫车间。2018年，该公司承租并自掏腰包装修两个扶贫车间，共计1700平方米，聘请员工六七十人，扶贫车间管理人员由公司指派，扶贫车间所有工作人员的工资待遇等同该企业正式员工。

2. 扶贫车间完成龙头企业的订单加工

由扶贫车间承租人组织人力，完成龙头企业的订单加工，是通过龙头企业带动扶贫车间发展的另一种有效模式。从交易成本的角度来讲，将扶贫车间建设成为龙头企业的直营车间，适合于投资规模较大、技术规范较强、生产过程监管要求较高的生产形式。相应地，这种形式对于企业而言，运营成本也更高一些，并且还需要解决好与当地社区的衔接和沟通问题。而龙头企业发包订单，由扶贫车间来承接完成的形式，就更具灵活性和适应性。当然这种形式也取决于生产属性。

例如鄄城县的发制品生产行业，由龙头企业发包订单主要限于纤维发制品，而人发制品的加工一般不会投放到扶贫车间。

（二）返乡创业人员承租

扶贫车间建立伊始，就有外出务工人员提出能否利用自己常年在外务工积累的人脉和经验，将沿海地区的订单带回家乡。经过一段时间尝试，菏泽发现鼓励返乡人员创业是带动扶贫车间发展的有效形式。经过调查摸底发现，菏泽市常年有超过160万的外出务工人员，如果能够把这些人员的创业热情充分调动起来，将会带来巨大的发展潜力。为此，菏泽市率先设立市级返乡创业管理服务中心，新增返乡创业服务站于2017年底达到34个，各县区设立的服务站达到了73个。同时，菏泽市组织开展了全方位、多层次的宣传推介活动。相关努力取得了重大成效，据统计，截至2018年7月，7.5万人返乡创业，领办、创办经济实体3.8万余家，其中承租扶贫车间567个，辐射贫困人口7956人。

根据调研结果，我们将返乡就业创业的群体分为四种类型：第一类，传统农民工返乡创业。大量农民工返乡创业就业，有效化解了留守儿童、留守妇女、空巢老人等问题；外出务工人员的回归、农村经济的发展助推了农村公共事业的发展，城乡二元结构矛盾得到缓解。第二类，知识精英返乡创业。这一类群体通常具有高学历、年轻态的基本特征。这一部分知识精英的返乡创业，为扶贫车间的发展提供了新鲜的血液。第三类，女性返乡创业。相较于男性，女性在创业道路上要闯出自己的财富天地更加艰难，在扶贫车间发展的过程中涌现出不少返乡创业妇女典型，不但闯出了名堂，还帮助当地群众实现脱贫就业。第四类，残疾人返乡创业，在菏泽精准扶贫瞄准的政策下，残疾人就业创业得到更多资金和政策的扶持。

专栏 3-6

扶贫车间带动返乡创业典型案例

　　菏泽市鄄城县的明星扶贫车间之一，位于箕山镇箕山村的扶贫车间就是典型的"筑巢引凤型"扶贫车间。该扶贫车间承包人赵希贵在外从事藤编加工多年。谈到返乡的原因，赵希贵坦言："说实话，到我这个年龄上有老下有小，爹妈那么大年龄了，总在外边，不在家，还有孩子，不是很放心。另外，外出务工的工资并不是特别高。我曾带人去厂里打工，学到技术后基本上都回来了，很少留在厂里。"赵希贵一直想成立自己的公司，却苦于没有合适的加工场地。箕山村扶贫车间建成后，赵希贵寻觅到此机会便返乡承租下来。2017年8月该扶贫车间注册为金钥匙藤编加工厂，当月实现税收近13万元。为满足扩大生产的需要，镇政府在原车间南郊又建设了一处标准化扶贫车间。由于产业选择合理、经营管理有方，该扶贫车间产品供不应求，赵希贵先后在鄄城县大埝镇、左营乡、旧城镇、红船镇等承租扶贫车间8个，开设分点45家，辐射带动2000余人从事藤编加工，不但增加了群众收入，还激发了群众的商品意识、市场意识，培育了一批小老板、孵化了一批小公司。2016年该扶贫车间被评为"鄄城县明星车间"。

——资料来源：调查访谈资料整理

　　山东菏鲁电子科技有限公司是一家刚成立的公司，公司位于菏泽市牡丹区李村镇大郭店村扶贫车间。扶贫车间还在施工时，公司创办人杨旭光便在旁边的屋子里先建了个小车间来赶制订单。杨旭光是周围朋友眼中的"大能人"。他家住牡丹区东和社区，2008年从北京大学以优异的成绩拿到了芯片设计专业的硕士学位后,杨旭光先后在行业内世界排名数一数二的楷登电子科技有限公司、英伟达中国有限公司等外企任职,之后又做过投资和外贸,也在苏州开过电子厂。"当时在外企一年能拿五六十万,之后的各种尝试也算是小有成绩。"杨旭光的奋斗让他有了些家底,但在2017年底,他作出了一个让他身边朋友很是惊讶的决定,那就是返乡创业。"当时很多朋友不理解,他们都说我在上海、苏州有了不少人脉,为何却要回到家乡从零开始?"不过,杨旭光的家人很支持他回到家乡,这也更坚定了他的想法。"其实我在前几年菏泽返乡潮刚刚兴起时,便有过这样的想法,经过各种考虑和规划,我在2017年底回家开了这个电子公司。"杨旭光笑着说,"返乡创业的政策好,这个扶贫车间也有不少政策,这对我这个刚刚起步的公司大有帮助。"在杨旭光眼里,他的公司既然落户在了扶贫车间里,那么就不能仅仅是一个简单的电子厂。"既然我选择了镇上的这个扶贫车间,那么让周围的村民脱贫致富便是我的社会责任。"说起扶贫,杨旭光显得极为郑重:"等大车间投入使用后,我们公司能提供超过200个岗位,优先选择周边的贫困户。等公司发展平稳后,有一些经过简单培训便可学会的手工活,也会让周边的村民在家中工作。"其实,除了让周边的贫困户脱贫致富,杨旭光心里还有一个大的想法,那就是让他的电子公司辐射周边,把李村镇乃至相邻乡镇的电子制造业带动起来,建立起高科技、自动化的电子产业。"我们公司和北京大学深圳研究生院合作,准备在自动化设备上加入视觉识别技术,如果成熟了,将极大地提升这里的电子制造业水平。"谈起他所熟悉的电子行业,杨旭光脸上又挂满了自信,"我的这个公司只是个起点,我想以李村镇为支点,带动周边的电子产业,让这里的电子产业成为全区甚至全市的新亮点！"

——资料来源：菏泽市扶贫办提供的典型案例

菏泽市也有不少女性积极承租扶贫车间，如郓城县随官屯镇随西村的打工妹李海霞。李海霞本是一位80后打工妹，曾在青岛一家中日合资服装企业工作，从最基层员工一步步升迁到厂长助理。2012年初，李海霞偶然从朋友那里听说老家的不少人找不到活干，尤其是年龄大点的留守妇女就业很难。当年8月，李海霞决定回家创业，投资300万元办起了百利安制衣公司，截至2018年，公司已发展成为集服装设计、生产、加工、销售为一体的现代化时装企业，拥有较强的设计团队、生产队伍和现代化生产设备，车间现有员工200人左右，安置贫困人口和下岗职工150多人，其中贫困群众40余人，每年为社会创造劳务收入200多万元。

——资料来源：郓城县扶贫办提供的典型案例

郓城县唐庙镇陈北村的宋海威是企业创办者返乡承租扶贫车间的例子。2016年7月，任上海统圣光电有限公司总经理的宋海威回乡探亲，经唐庙镇政府积极引导，承租陈北村扶贫车间，并签订承包合同。车间主要从事家用电器、汽车电路线束等电子元器件的加工与生产，可实现年销售收入1000万元，利润80余万元。共吸纳30名群众就近就业，其中贫困群众10人，月工资1000元左右。该车间采取"非公有制企业+扶贫车间+互联网+光伏+贫困户"的扶贫新模式。2017年6月，在陈北村开通"为村"平台后，项目负责人将公司部分产品发布到"村有好货"板块，同时积极发展电子商务进行网络推广，很快就吸引了客商主动咨询下单，截至2018年，网络下单量已占到总单量的30%左右。利用县整合资金22万元，在车间房顶建设21.35千瓦光伏电站一处，固定资产归村集体经济所有，年可增加村集体经济收入2.3万元，车间年租金2.4万元，累计增加村集体收入4.7万元，其中70%扶持无劳动能力的贫困群众，30%用于村集体公益事业。

——资料来源：郓城县调研收集到的典型素材整理

谭志祥，男，38岁，建档立卡贫困户，高屯村人，虽自幼患小儿麻痹造成残疾，却从不向命运低头。2008年，他独自一人到威海一家服装厂打工，熟练掌握了剪裁、机缝、熨烫成衣部件等服装加工全部工序和制作技术。2010年底，他购买缝纫设备，开始自己创业。村里建设扶贫车间后，谭志祥主动找到镇政府，要求承租扶贫车间，得到镇政府大力支持。谭志祥作为残疾人，切身体会到残疾人生活的不易，自承租车间以来，就主动吸纳贫困残疾人就业。他在招工简章中特别申明："残疾人优先录用。"残疾人到扶贫车间务工后，他手把手地传授缝纫技术。目前他承租的扶贫车间吸纳残疾务工人员18人，其中贫困户10人，月均收入2000元左右，他本人先后被市残联授予"全市残疾人电子商务致富能手""全市助残先进个人"荣誉称号，被省残联授予山东省百千万残疾人就业创业扶贫工程——"共享阳光·携手建功'十三五'"活动致富能手荣誉称号。

——资料来源：菏泽市扶贫办提供的典型案例

（三）传统产业带动

菏泽当地百姓有从事家庭小加工生产的传统，一方面这些传统产业为扶贫车间储备了项目，另一方面扶贫车间的建设也为当地传统产业发展壮大提供了难得的机遇。菏泽的传统产业起步往往都是从家庭作坊式生产开始，如编织品加工、食品加工、林木加工、人发加工等，由于生产规模的限制，效益往往难以得到提升。菏泽市大力推动扶贫车间发展，得益于传统产业的基础，同时也为传统产业在新时代焕发新姿插上了翅膀。

过去几年，菏泽市政府按照"一乡一业、一村一品"模式，依托木材加工、发制品、藤编等当地传统产业优势，鼓励和引导企业或个人直接出资，通过财政补贴或帮扶单位协助等方式，因地制宜、因村施策，发展扶贫车间。据不完全统计，截至2018年，菏泽市有700个从事马扎加工、鲁锦加工、布鞋加工、木制品加工、柳条编织等传统手工业加工的扶贫车间，带动超过13000名建档立卡贫困群众就业脱贫。特别是菏泽将扶贫车间建设与当地非物质文化遗产传承和保护统筹谋划，对藤编、鲁锦等民族非物质文化遗产生产经营加强指导，选聘创意团队帮助对其进行包装、销售，通过整合政策，鼓励民族非物质文化遗产相关产业入驻扶贫车间，在保护和利用非物质文化传统资源，确保扶贫车间持续健康运营的同时带动贫困群众脱贫。

专栏 3-7

"非遗"入驻车间助力脱贫攻坚

柳条编是菏泽市曹县民间传统手工艺品之一，在过去可以说在当地农村家家都会做，2008年，柳条编列入第二批国家级非物质文化遗产名录。2016年曹县开展扶贫车间建设以来，亚鲁、曹普、鲁艺等当地手工艺品加工企业入驻扶贫车间，吸纳群众务工。截至2018年，全县有60多个扶贫车间从事工艺品加工，覆盖倪集、青菏、普连集、古营集、庄寨等十几个乡镇，产品种类多达300余种。扶贫车间与传统技艺的碰撞，将群众过去看似不起眼的手艺变成了今天增收致富的技能，为工艺品加工企业节省了岗位培训成本，非物质文化遗产的传承和发展有了新的方向。

——资料来源：曹县扶贫办提供的典型经验

（四）本地能人领办

本地能人领办扶贫车间，成为推动扶贫车间发展的又一种有效形式。调研中我们发现，近年来菏泽市涌现了一批有创业能力、创业愿望的能人参与扶贫车间的运营管理，在实现自身价值的同时，带动了地方产业发展和建档立卡贫困户就业增收。由此，围绕着打造一支带领贫困群众共同富裕的骨干力量队伍的目标，菏泽市因势利导，利用扶贫车间，积极构建"创业服务+政策扶持+教育培训+带动增收"的创业致富带头人培育体系，支持有创业能力、创业愿望的本地能人，通过以亲缘、地缘为纽带的乡邻文化社会网络，参与本村扶贫车间建设运营，为本村贫困群众合理设置岗位。根据调查统计，截至2018年

7月，菏泽市已有540名致富能人参与了690个扶贫车间建设。这一成就同时表明，菏泽市扶贫车间的建设与推广，同时为大众创业、万众创新提供了有效的平台。

专栏3-8

本地能人领办扶贫车间

菏泽市开发区陈集镇是鲁西南地区有名的工业强镇，皮毛玩具、服装加工曾经是陈集镇的支柱产业之一，产品畅销俄罗斯、日本、新加坡等地。2016年，张庄村"两委"深入实施"一人一岗"就业扶贫工程，利用上级财政资金9.5万元在本村小学西侧建设了一座450平方米的扶贫车间。本来在家从事皮毛玩具加工的张存玉，申请了10万元小额担保贷款，注册成立了菏泽玉丰仿真工艺品有限公司，承包了本村扶贫车间，将皮毛玩具加工这项传统产业转移到扶贫车间，每年向村集体支付1.5万元承包金。车间开始运营时，吸引了张庄及周边区域大量务工人员，这些工人成为熟练工后，为节省往返时间、方便照顾家庭，就把原材料带回自己家中加工。在盐土、刘庄等附近村庄设立了16个放活点，车间负责送活到村，定期回收，统一销售，皮毛玩具加工传统产业又焕发出新的生机。2017年6月，张存玉又与杭州云贝尔服装公司合作，将服装加工引入车间，带动了更多人员务工。贫困户赵永丽在张庄扶贫车间从事皮毛玩具加工，计件日工资在60元左右；高位截肢贫困户曹生良由于身体原因无法到车间务工，车间为其实行送岗上门，将皮毛玩具塑胎送至家中整修，完成后再由车间负责人把整修好的塑胎带回，月收入600元左右。车间务工人员每天收入40—80元。除了传统的销售方式，张存玉又探索发展线上销售，培训2名员工专门负责网上销售，拓宽了皮毛玩具的销售渠道，每月接单1万余件。

——资料来源：开发区扶贫办提供的典型案例

郓城县南赵楼镇六合苑社区是通过压煤村庄搬迁组成的农村新型社区，辖四里庄、郭庄、谭庄、金庄、邵垓、康庄6个自然村，耕地面积6930亩，人口1036户4395人。2016年7月，郓城县纪委投资20万元援建了六合苑扶贫车间，总面积达960平方米。南赵楼镇政府针对搬迁人口集中、剩余劳动力较多的现状，积极引导掌握过硬服装加工生产技术，有较高管理能力的谭明席于2016年10月承租该车间，投资200余万元，创办了郓城县泽邦服饰有限公司。公司拥有3条生产线90余台机器，主要生产T恤衫，年收入400余万元，利润70余万元。吸纳就业60人，其中建档立卡贫困人员20人，每人每年收入不低于6000元，解决了贫困群众和富余劳动力就业难的问题。公司与村委会签订了承包合同，每年交付村集体承包金1.8万元。2017年8月，县财政统筹资金7.9万元，建设了9.54千瓦光伏电站一处，固定资产归村集体所有，当月实现了并网发电，预计村集体年增加收入1.2万元。

——资料来源：郓城县调研收集到的典型案例

（五）对口帮扶带动

东西部协作帮扶是中国国家减贫治理体系的重要制度安排，指的是东部地区省份（地区）与西部地区省份（地区）建立扶贫协作关系，携手实现共同发展。山东省在积极承担对其他欠发达省份扶贫协作任务的同时，也积极推动省内的"东西协作"。有研究指出，不同于早期东西部协作扶贫，主要由经济发达省份或地区单向援助帮扶欠发达省份或地区，近年来东西部协作对口帮扶的广度和深度不断拓展，特别是在产业合作等诸领域能够寻找到广阔的互利空间，在带动脱贫攻坚目标实现的同时，促进协作双方实现互利共赢。

具体到菏泽减贫与发展的经验中，借助与青岛市开展省内东西部扶贫协作的机遇，菏泽市主动承接青岛劳动密集型产业转移，不仅为扶贫车间发展壮大注入了力量，也为青岛地区的企业生产经营打开了巨大的空间。自 2016 年 8 月山东省青岛市与菏泽市建立东西部协作关系以来，双方共同制定了《青岛市与菏泽市扶贫协作三年工作计划纲要》《青岛市与菏泽市扶贫协作实施办法》等一揽子行动方案，建立了定期互访沟通协商机制，截至 2018 年，市、县两级互访共 37 次，达成意向合作项目 26 个，8 个投资过亿元的项目签约，总投资 44 亿元。有效引导了青岛市劳动密集型龙头企业利用扶贫车间发展"卫星工厂"或加工车间，确保有劳动能力的贫困人口就近就业。

专栏 3-9

"扶贫协作"型扶贫车间——鄄城县大埝镇连庄村扶贫车间

连庄村位于大埝镇驻地东南 3 千米处，有 202 户 806 人。其中，建档立卡贫困户 36 户 72 人。该村村民劳动力技能水平有限，缺少致富门路。大埝镇政府通过调查研究发现，连庄村位于鄄吉路路北，交通便利。连庄周边村庄有丰富的人力劳动资源，加之连庄村原有1个村办服装厂,对服装项目具有良好的历史条件。大埝镇因势利导,投资10万元,建设260平方米的扶贫车间1处,资产已经移交到村委会。

2017年3月,该镇抢抓省委、省政府东西部扶贫协作,即墨市对口帮扶鄄城县的机遇,通过即墨市有关部门牵线搭桥,招商引进了青岛即墨市大伟纺织有限公司,主要从事服装加工,产品全部发往青岛。在大伟纺织有限公司的带动下,扶贫车间的使用效率大大提高。扶贫车间具有以下特点:一是贫困户可以就近就业。部分贫困户或者其子女有缝纫技术,可以在就业车间找到适合自己的岗位。二是贫困户收益效果好。车间就业人员达30人,贫困人员就业占车间总就业人数的40%左右,并且能保证就业人员每天至少有50元左右的收入,实现"一人就业、全家脱贫"。三是产业稳定。大伟纺织将长期在大埝镇进行投资,并已与扶贫车间签订10年租赁合同,能够保障贫困群众长期、稳定就业。四是增加公益岗位,大伟纺织通过在就业车间设立一处公益岗位,让年龄较大、没有技术的贫困户负责就业车间内外保洁工作。2017年6月,根据公司拉长产业链条的需要,镇党委、政府在原扶贫车间东邻又建设500余平方米的裁剪、包装车间一处。该扶贫车间管理规范,其员工统一着装,免费到即墨市参加培训后上岗,并与村里签订了10年的租赁合同,保障了贫困群众长期、稳定就地就近就业。

——资料来源:课题组实地调研鄄城时收集整理

三、菏泽扶贫车间的运行特点

经过几年的不懈努力，菏泽扶贫车间走上了规范运转、健康运行的道路。从菏泽发展扶贫车间的经验来看，体现出如下几个方面的突出特点：

（一）区域发展与精准扶贫有效衔接

菏泽位于鲁苏豫皖四省交界，辖七县两区和一个省级经济开发区、一个省级高新技术产业开发区，面积1.22万平方千米，人口1014万。菏泽贫困人口多，扶贫任务重，是山东省脱贫攻坚的主战场。2013年11月26日，习近平总书记亲临菏泽视察，作出了"坚决打好扶贫开发攻坚战"的谆谆嘱托。刘家义书记、龚正省长先后5次到菏泽专题调研扶贫工作。菏泽市委、市政府把脱贫攻坚作为头等大事、第一民生工程和重大政治任务，认真贯彻精准扶贫精准脱贫基本方略，三年多来累计减贫118.7万人。特别是在扶贫车间建设方面，按照"六驱动、六提升、六结合"的指导思想，突出产业支撑，坚持"建管服"并重，推动高效化利用，截至2018年，已建成使用4312个，实现有条件的村全覆盖，直接安置和带动235245名群众在家门口就业，带动57685名群众脱贫。

菏泽扶贫车间的成功经验表明，不能将精准扶贫工作孤立看待，将区域发展与精准扶贫有效衔接，不仅是推动脱贫攻坚的基本思路，反过来也能够为区域发展注入活力与动能。扶贫车间的产生和发展，恰恰是菏泽立足于国内产业转移的良好机遇，将区域发展的外部环境和政策扶持与地方特色优势相结合，转化为实实在在的减贫成效和发展后劲。具体来说，菏泽依托中西部地区产业基础和劳动力、资源等优势，承接、改造和发展纺织、服装、玩具等劳动密集型产业，充分发挥其吸纳就业的作用。在产业发展上，遵循市场经济和产业发展规律，依托当地资源条件和产业基础，充分发掘地方特色，科学选择扶贫产业，以满足贫困劳动力就地就近需求为导线，以符合国家产业政策、生态绿色环保、就业门槛低、市场前景好、发展可持续、带动增收效果好等为标准选择一批劳动密集型产业企业，助力扶贫车间建设发展。把扶贫车间发展与种养加特色产业和电子商务、乡村旅游等扶贫项目有机衔接，拉长产业链条，提高生产经营效益。

此外，菏泽市发挥其农业传统优势，开展"一村一品"产业推进行动，大力发展芦荟、山药、牡丹、中药材等特色种植业，鲁西黄牛、青山羊、小尾羊等畜牧养殖业，纺织服装、板材、柳条编等劳动密集型企业，让贫困户更多分享经济发展的成果，增强了贫困村的自我发展能力，走出了一条产业脱贫的路子。我们看到，各区县的实践取得了良好成效，定陶中远蔬菜专业合作社的"党支部＋合作社＋基地＋农户"生产经营模式、曹县巨鑫源食品公司的订单收购产业方式、市开发区佃户屯办事处曹楼村的"政府＋公司＋贫困户"乡村旅游扶贫模式等，都是"一村一品"产业扶贫的成功范例。截至2018年，菏泽市已有省级"一村一品"示范村镇16个，占全省的10%；国家级示范村镇6个。此外，有9个乡镇被省旅游局命名为省旅游强乡镇，19个村（社区）被命名为省旅游特色村。产业发展在带动脱贫中发挥了重要作用。

（二）因地制宜的多元化实现路径

在企业发展上，企业布局乡村、入驻扶贫车间，从根本上解决了企业劳动力不足、成本偏高问题，提升了企业市场竞争力。从目前经济发展形势看，经济下行压力仍然较大，企业发展压力加重，不断攀升的用工成本更是让企业负担沉重，制造业一线工人工资待遇普遍上调，工资增幅超过劳动生产率增幅。而企业参与扶贫就业车间建设，将一些产品工序下放到扶贫就业车间，这样既解决了招工难、用工贵，还降低了企业用地、车间建设、员工食宿等费用，总成本能够下降30%以上，产品竞争力明显增强，反而成了企业快速发展的机遇。企业得到发展是扶贫就业车间持续运行的基础，如果有损企业利益，这种模式就不能长久。因此，菏泽市对吸纳安置贫困人口较多的扶贫车间给予一定岗位补贴和培训补贴，一定时期内减免部分租金、适当补助水电费，量身定做贷款品种，解决融资难题，充分调动企业的积极性，推动扶贫就业车间健康发展。如：菏泽市人社部门对设立扶贫就业车间的企业，给予创业扶贫担保贷款和社会保险补贴、岗位补贴政策，依照签订的合同和当年脱贫的人数，按每人每年1000元的标准给予一次性奖励补助。2015年以来，菏泽市发制品、服装加工、农副产品加工上缴税金分别增长了51.2%、24%和14%。

在扶贫车间发展上，首先，明确投资主体。鼓励县市区、乡镇政府多渠道筹措资金，统筹利用财政资金、行业资金、社会资金等，投资建设扶贫车间。制定优惠政策，吸引企业、返乡创业人员等投资建设。鼓励第一书记派出单位和结对帮扶单位，利用帮扶资金建设扶贫车间。鼓励帮助市结合省内扶贫协作工作，根据被帮助地区产业发展需求实施产业转移，引导本地劳动密集型企业援建扶贫车间。其次，创新多元化发展。坚持因地制宜，精准施策，推动扶贫车间多元化发展。利用乡镇、村庄闲置建设用地创办厂房式扶贫车间。鼓励贫困群众利用农家庭院、民居民宅从事来料加工、农副产品加工、工艺品制作等生产活动，实现居家就业。鼓励劳动密集型企业、特色产业基地和新型农业经营主体等，在内部设立扶贫车间，吸纳安置贫困人口就业。

（三）精准施策：着眼可持续稳定脱贫能力提升

高质量打赢精准脱贫攻坚战，坚持精准扶贫精准脱贫基本方略是关键，脱贫质量的核心在于促进贫困地区、贫困社区和贫困户可持续稳定脱贫能力的形成。过去的扶贫政策和实践，很多时候在目标、手段和考核等方面还不够精细，事实把握不准，潜力挖掘不足，项目扶持不准。过去的扶贫决策和执行，考虑更多的是经济贫困、收入贫困，对贫困人口自身全面发展问题研究和考虑得不够，扶贫效果的可持续性差。事实上，贫困不仅仅是由单一因素造成的，它涉及收入水平、机会、能力、安全水平等诸多因素，具有多元化特征。[①] 著名经济学家西奥多·W. 舒尔茨认为，人力资本水平低下是导致贫困的最主要原因，人的技能与知识的提高远比物质资本的增加重要得多。因此，增加贫困人口的人力资本投资就成为解决贫困问题的首要选择。阿马蒂亚·森也认为，贫困产生的根源是能力不足，重建个人能力是反贫困的重要策略。

我国的农村反贫困策略一直以来的思路主要是由政府依靠传统的行政体系把扶贫资源传递给贫困地区和贫困农户，这种"输血"式、"漫灌"式的反贫困做法很容易因信息、措施等不精准而导致扶贫工作成本高、效率低，贫困人口返贫现象严重，难以达到脱贫的目标。因此，要构建科学合理的农村扶贫新战略，实施精准、综合和可持续的

---

① 高杨：《扶贫互助资金合作社运行现状及运行机制研究——以山东省为例》，中国社会科学出版社2015年版。

扶贫战略，调动更广泛的社会力量、采取更积极有效的扶贫行动，①激发贫困人口走出贫困的志向和内生动力，这样才能真正破解扶贫开发中的难题。现阶段，我国的精准扶贫理念正是注重从培养个人能力、增加人力资本投资、提高"造血"能力的角度提高扶贫的针对性和效率，从而在根本上拔除穷根，彻底解决我国的贫困问题。

菏泽市在精准识别过程中发现，全市55%以上的贫困人口具备劳动能力，但有的文化程度低，有的因照顾老人、孩子不能外出打工。对于这部分人力资本匮乏、家庭照料负担重的农村贫困人员来说，从事工作时间灵活的工种岗位非常契合个人、家庭和社会分工的供求平衡。因此，菏泽市政府因势利导，在全市大力推进扶贫车间建设，积极招引劳动密集型项目向贫困乡村布局，探索出一条以扶贫车间为载体、帮助贫困群体就地就近就业的"造血"式扶贫路子。

扶贫车间是以车间的形式把工厂的一项或某项工序搬到乡村来完成，多以劳动密集型的产业为主，比如制衣、制鞋以及产品组装等，工种相对简单，需要大量的人力来完成，而当前农村有大量的富余劳动力。车间搬到了村组以后，有劳动能力的贫困户可以通过进入车间工作实现增收脱贫。为推广扶贫车间，菏泽在全市范围内采取"送项目到村、送就业到户、送技能到人、送政策到家"的"四送"措施。一是把就业项目送到村。依托龙头企业、合作社、家庭农场等新型经营主体，通过订单帮扶、土地流转、资产收益、股份合作等方式，探索出了"政府投资、企业运营、贫困村资产收益、贫困户入股分红"的扶贫资金使用新模式，让贫困户更多分享农业全产业链和价值链增

---

① 陆益龙：《构建精准、综合与可持续的农村扶贫新战略》，《行政管理改革》2016年第2期。

值收益。截至 2018 年，菏泽市共建成扶贫车间 2826 个，其中旧房改建 316 个、部门援建 228 个、财政投建 2109 个、企业捐建 173 个。二是把就业岗位送进贫困户家门。扶贫车间建成后，通过优先聘用贫困户就业的方式，实现贫困户家门口就业。通过建设扶贫车间，直接安置和带动 235245 名贫困群众就业，使 57685 名群众脱贫。三是把技能培训送到有劳动能力的贫困群众面前。将扶贫车间办成技能提升课堂和扶贫政策大讲堂，已有 18474 名贫困群众在扶贫车间完成培训，实现挣钱、学习两不误。整合扶贫、人社、教育等部门培训资源，举办户外家具、服装、电子配件等免费培训班 187 期，培训人员 27676 人。四是把优惠政策送到贫困群众手中。研究制定贫困群众就业优惠政策，采取灵活就业工作方式。对于一些需照顾家人、没有整块时间的，采取计件工资，提高劳动收入；对劳动能力较弱的，实行计时工资，获得稳定报酬。

（四）与新业态、新技术相互融合

1. 互联网企业把生产加工流程放在扶贫车间

菏泽市借助自身电商迅猛发展的优势，将农村电子商务作为精准扶贫的重要载体，建立"企业+贫困户+电商""扶贫车间+贫困户+电商""合作社+贫困户+电商""生产基地+贫困户+电商"等模式，鼓励互联网企业把生产加工流程放在扶贫车间，借助互联网寻找加工型企业进行合作，通过多种合作模式拉动创业，增加就业，带动贫困村、贫困户脱贫致富。2017 年，菏泽市有"淘宝村"168 个，占山东省的 69%，位居全国地级市第二位；"淘宝镇"24 个，位居全国第一位。农村电商为贫困群体提供了创业平台，解决了农村脱贫消贫难题。截至 2018 年，菏泽市已成立县级电商服务中心 39 个，乡镇服务站 462

个，村级电商服务点发展到 7000 余个，其中：省级贫困村发展电商服务站点 331 个，占菏泽市省级贫困村的 38.71%，带动贫困户 13999 户。同时，菏泽还加大"为村"平台建设力度，助力精准扶贫。2017 年至 2018 年，上线"为村"5154 个，占全国的 85%，总号"牡丹之都菏泽"在全国市级总号中排第一位。认证村民 181.8 万人，关注人数 458.1 万人。借助"为村"平台，发布相关信息，引导村民对贫困户进行帮扶、返乡创业、沟通交流等，营造了良好的氛围。

如山东博纳百川信息科技公司参与扶贫车间建设，把外地企业代加工的工序搬到扶贫车间，本地土特产品销售与"农村淘宝"相结合，为扶贫车间插上了互联网的翅膀。还有菏泽市鄄城县凤凰镇许集村扶贫车间，依靠凤凰镇 2016 年电商项目资金，投资 6 万多元，配备缝纫设备 40 台，与菏泽市电商乐园小辣椒服装公司合作，该公司主要从事服装加工，利用网络平台实现线下生产和线上销售的模式，主要销往美国、韩国和日本等国家，日销量 2000 件，销售额 40000 元。

2. 原企业传统销售模式与电商相结合

随着菏泽市电子商务的快速发展，电商销售渠道被许多企业重视、开发。据粗略统计，截至 2018 年，全市有 462 个扶贫车间与电商合作，带动贫困群众 6725 名。如菏泽市郓城县南赵楼镇盐厂村扶贫车间，该车间主要从事填充玩具、毛绒玩具等产品的生产加工，年收入 350 余万元。在传统销售渠道的基础上，充分借助互联网优势，签约入驻阿里销售平台，销售产品 2.6 万件，线上交易额占总交易额 40% 以上，产品销往全国各地和韩国、日本等国家，在 2017 年"双十一"期间，该车间毛绒玩具销售单量达到 16210 单，交易额达 109 万元，保证了扶贫车间后续的稳步发展。该车间采用"扶贫车间＋电商＋光伏"发展模式,吸纳就业47人,其中贫困人员15人,每人每天有30—80元不等的收入,车间零散加工发放于周边村庄,辐射带动了周边村庄20余名留守妇女就近就业。

(五)发挥市场主体在资源配置中的决定性作用

菏泽市在推动扶贫车间发展的过程中,坚持让市场机制发挥决定性的作用。市场的决定性作用体现在产业选择、项目安排等诸领域中,也体现在就业扶贫的形式有利于调动扶贫对象的积极性上,激发其内生动能。扶贫车间里雇主不是施舍者,而扶贫对象也不是被施舍者,双方在扶贫车间中按照市场的价值规律进行等价交换,实现了经济利益的双赢。但考虑贫困群体特别是农村的贫困人口属于社会"弱势群体",在市场竞争博弈中处于弱势,政府主导的扶贫车间特别重视对困难群体特别是农村困难人员的保护。对设立扶贫车间的企业,按照有关规定,给予社会保险补贴、岗位补贴和扶贫车间一次性奖补,给予创业扶贫担保贷款和小额扶贫信贷等政策支持。菏泽市统筹各类培训资源,为扶贫车间就业贫困人口提供培训,按规定给予培训补贴政策支持。围绕当地产业发展和用工需求,采取"创业清单+培训清单+贫困人员名单"三单对接模式,对贫困人口进村入户实地开展易学实用的技能培训,提高扶贫培训的针对性和有效性。协调引导银行业金融机构和当地扶贫车间对接,优先满足企业投资建设扶贫车间及扶贫车间产业项目的信贷资金需求。鼓励各地对吸纳安置贫困人口较多的扶贫车间,在建设用地、税收、水电、租金等方面,按照相关规定给予优惠政策。

主动寻找和创造新型市场空间。菏泽市大力开展"百企帮百村"活动,破解扶贫车间运营瓶颈。一是搞好宣传发动。对全市非公企业,特别是各乡镇的传统产业进行调研，了解企业的经营模式、发展方向，结合全市"一乡一业、一村一品"发展情况，研讨企业与贫困村扶贫车间建设方面如何精准对接，帮助企业做好前期入村工作。召开"百企帮百村"现场会、推介会，落实有关支持政策，鼓励引导企业或个人直接出资、财政补贴或帮扶单位协助等方式，引导劳动密集型产业向贫困乡村布局。二是强化产业支撑。突出就业门槛低、增收效果好、产业发展稳定、方便群众就近就业等四个条件，着力扶持发展劳动密集型产业。按照"一乡一业、一村一品"模式，大力推进产业结构调整，发挥纺织、服装、板材、柳条编等传统产业优势，实施一批特色水果、高效蔬菜、小杂粮、中药材、食用菌、休闲农业等特色农业。在扶贫工作重点村或乡镇，依托主导产业，鼓励就地发展初加工和分级包装，延伸产业链条，拓宽增收渠道。加大龙头企业、合作社、家庭农场、种养大户等新型经营主体培育力度，建设农产品加工聚集区，推动农产品加工业集群发展。截至2018年，全市"一村一品"专业村达到1110个，为扶贫车间提供了强有力支撑。三是积极招商引资。利用扶贫车间"筑巢引凤"，引进电子产品、儿童玩具、渔网编织等来料加工产业入驻扶贫车间，提高了扶贫车间使用率。鄄城县工商联69家会员企业为72个行政村建设了就业扶贫点，从事户外家具、发制品、电子产品、服装加工等行业，吸纳8000多名贫困群众就业，实现工作顾家两不误，一人就业全家脱贫目标。曹县亚鲁工艺品有限公司采取"公司+扶贫车间"模式，实现车间职工104人全部脱贫。

第四章

成就与挑战

菏泽市坚持以习近平总书记关于扶贫工作的重要论述为指引，深入贯彻精准扶贫精准脱贫的基本方略，结合地方发展实际，以改革创新的勇气与智慧，创造性地实验并推广了扶贫车间的就业扶贫模式。从菏泽扶贫车间的发展经验来看，经历了近三年的规模快速扩张，扶贫车间发展取得了令人欣喜的成就，尤其是作为就业扶贫的一种创新模式具有很强的综合效应：首先，带动贫困户脱贫增收效应显著，扶贫与扶志扶智相结合，形成了稳定脱贫长效机制；其次，为地方传统产业发展壮大提供了平台，助力地方民营经济成长；再次，扶贫车间作为当前对接沿海地区产业转移的有效形式，成功地吸引了沿海地区许多劳动密集型产业往中西部地区转移；最后，扶贫车间的发展也推动了中西部地区基层治理体系的不断完善和基层治理能力的显著提升，不仅壮大了集体经济，同时也改善了乡风文明。与此同时，在扶贫车间快速发展的过程中，也暴露出一些新的问题，因此，持续应对好这些新问题与挑战，推动扶贫车间健康发展，释放更大综合效能，将具有重要的现实意义。

一、菏泽扶贫车间建设的现状

从最初的"小窝棚"，到试点扶贫车间，再到全市推开扶贫车间标准化建设、产业化发展，菏泽市扶贫车间模式不断发展成熟，内涵更加丰富，前景更加值得期许。可以说，几年的时间里，菏泽扶贫车间建设已经取得了多方面的重要成果，为兄弟省市提供了可借鉴的有益经验。

（一）扶贫车间模式在全市快速扩散，数量增长快

在菏泽市委、市政府的高度重视、统筹推动和各项政策举措的引导和激励下，菏泽所属各区县扶贫车间实现了快速发展。截至2018年7月底，菏泽市共有3661个扶贫车间，覆盖到全市166个乡镇3203个村。其中曹县、郓城县和鄄城县扶贫车间数量最多，并且形成了木制品加工、发制品、演出服饰等几个有代表性的产业集群，整体竞争力明显提升。另据统计，全市3661个扶贫车间中，近年新建车间3573个，改建车间88个；从运营状态上看，正常运营3173个，在建162个，闲置80个，使用不正常或停工停产的有246个，这些存在运营困难的扶贫车间也在不断整改中焕发活力；从产权归属上看，公证产权归属村集体的2900个，正在确权当中的289个，产权归属其他的472个；从就业情况看，有277个车间贫困群众就业较少。

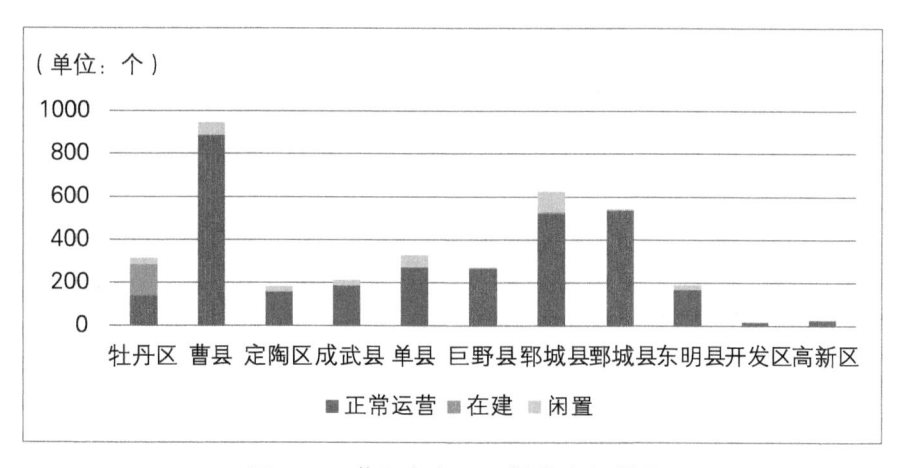

图4-1　菏泽市各县区扶贫车间数量

（二）覆盖产业门类广，呈现出一定产业集聚特征

从产业类型上看，菏泽扶贫车间覆盖了81个产业门类（服装、玩具、编艺、发艺、家具、包装、电子、生产生活用品加工、农副产品加

工等），绝大多数属于劳动密集型产业，带动就业能力强。其中从事农产品初加工的 304 个，从事来料加工的 2087 个，从事手工业的 566 个，其他类别的 462 个。调研中，我们发现，扶贫车间加工门类与当地产业发展基础和特色优势紧密相关，部分产业已经初步形成了具有一定规模的产业集群。如曹县 867 个正常运营的扶贫车间中，有木材加工（含家具加工）类 271 个，占 31.3%；手工业加工（含工艺品编织）类 267 个，占 30.8%；演出服装制作（含鞋帽加工）类 230 个，占 26.5%；从事农产品加工的 99 个，占 11.5%；电子产品类 13 个，占 1.6%；其他类别 63 个，占 7.3%。这些扶贫车间生产的产品，都是曹县传统的加工产业和门类，原材料供应便捷、生产技术成熟，生产、加工、运营都有成熟的市场和供应链条。鄄城县扶贫车间加工门类也以当地主要产业为主，在其 545 个扶贫车间中，发制品类车间达 110 个，占到全县扶贫车间总数的 20% 以上。

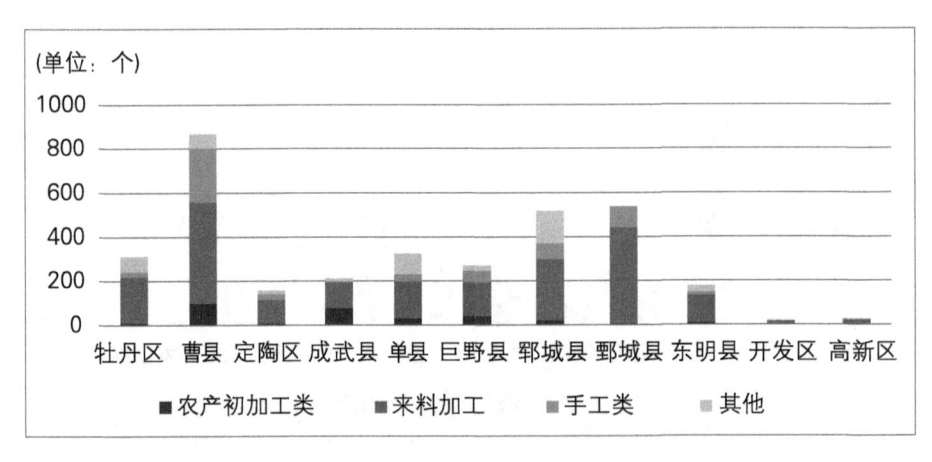

图 3-2　菏泽市各县区扶贫车间产业类型分布

（三）扶贫车间投建主体多元，体现出广泛的参与性

据粗略统计，截至 2018 年，菏泽市累计投入扶贫车间项目资金 91052.1 万元，其中省级扶贫基金 5818.02 万元，市级以上财政专项扶

贫资金24021.03万元，县级财政专项扶贫资金14729.73万元，乡级财政专项扶贫资金2454.337万元，青岛帮扶资金3766.82万元，帮扶单位援助资金1944.572万元，企业援建资金3773.959万元，个人捐建资金585.6万元，村集体资金1587.632万元，村民自筹资金18008.16万元，其他资金14362.24万元。各县区投入的资金都按照因素法（资金分配的因素主要包括贫困状况、政策任务和脱贫成效等）分配到各村，用于扶贫车间建设。资金投入的规模，一方面说明了市委、市政府及各部门对扶贫车间模式的认可与信心，另一方面也体现出扶贫车间就业扶贫模式的有效性和强大生命力。实践证明，其不仅是带动贫困人口稳定增收的有效手段，也能够活跃地方民营经济部门，优化市县经济结构，促进区域经济发展。

（四）扶贫车间标准化建设效果较好，配套设施逐步完善

根据《扶贫车间规范管理办法》，菏泽市各区县加强了扶贫车间的规范化管理，以确保快速发展过程中保护就业人员权益，促进扶贫车间健康发展，劳资两利避免可能风险。据统计，截至2018年，全市扶贫车间共配备消防器材6036个、医药急救箱2684个，安装取暖设施2730套、降温设施3679套，2992个扶贫车间硬化了道路，建立卫生间3203处、车棚2767个，安装光伏设备182套，建立电商销售平台461个。这些规范化建设举措，有益于和谐劳动关系，避免各类生产安全隐患，有利于扶贫车间的长远健康发展。

（五）带动贫困户就业成效显著，实现了多方共赢

扶贫车间实现了贫困户就地就近就业，"挣钱顾家两不误"，增加了群众收入。车间的租金收益和分配，为贫困群众提供了看得见、摸得着的实惠。同时，解决了村集体空壳村问题，促进了农村经济发展。

如曹县，2018 年 943 个扶贫车间已有 940 个实现出租并签订了租赁合同，共实现租金收入 966 万元，其中村集体收益 48 万元；鄄城县 2017 年扶贫车间收取年租金 296 万元，其中村集体收益达 216 万元。此外，扶贫车间的发展，带动了农村第二、三产业崛起，加快了农村一、二、三产业融合步伐，推动了区域经济快速发展（部分区县扶贫车间年产值及利润信息见图 4-3）。一些劳动密集型企业利用扶贫车间组织生产，节约了建设成本，降低了用工成本，扩大了生产规模，促进了企业健康快速发展。菏泽市全市 113 家企业通过入驻扶贫车间，扩大了生产经营规模，实现了产值增加、效益提升。随着企业生产经营规模的不断壮大，带动了相关产业聚集，增强了产业竞争力。2017 年底，菏泽市全市发制品、服装加工、农副产品加工上缴税金同比分别增长 46.6%、13% 和 12.5%。扶贫车间的建设培养了一批农业生产加工、劳动密集型产业"小老板"和致富带头人，截至 2018 年，已有 529 个扶贫车间注册为小微企业（相关分布统计情况见图 4-4）。

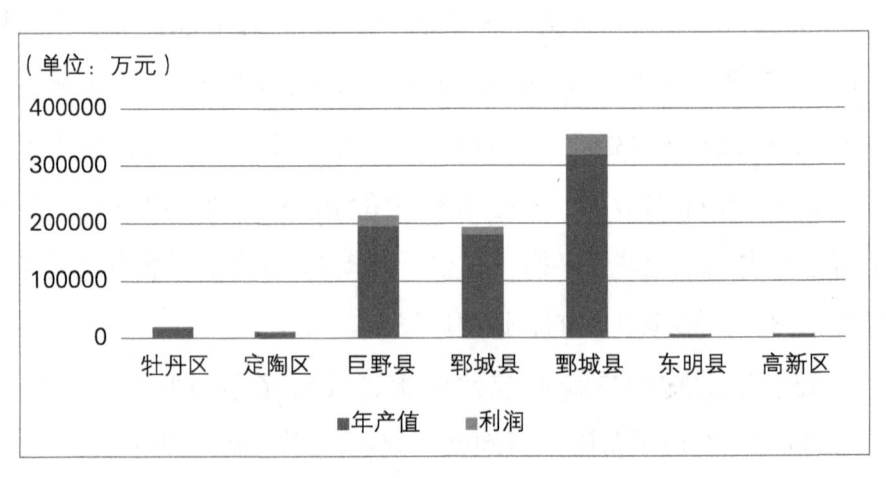

图 4-3　菏泽市部分县区扶贫车间年产值与利润

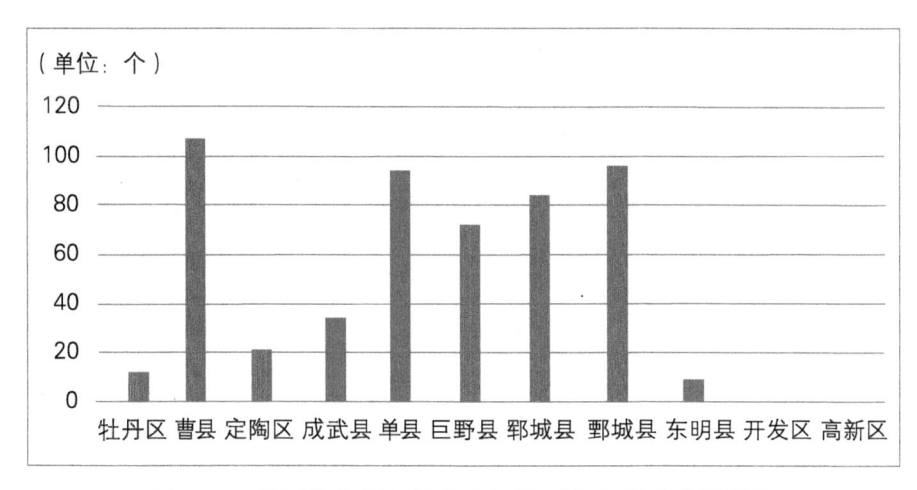

图 4-4　菏泽市各县区扶贫车间转型为小微企业的数量

截至 2018 年 7 月底，菏泽市扶贫车间直接安置和辐射带动 133517 名群众在家门口就业（各县带动就业人数统计见图 4-5），其中建档立卡贫困人口 21669 人，人均月工资达到 912 元。2018 年初至 7 月底，扶贫车间共取得收益 3583.014 万元，其中分配给建档立卡贫困户 2436.99 万元，惠及建档立卡贫困户 79596 户 169516 人，户均收益 306.2 元，分配给村集体 869.1384 万元。

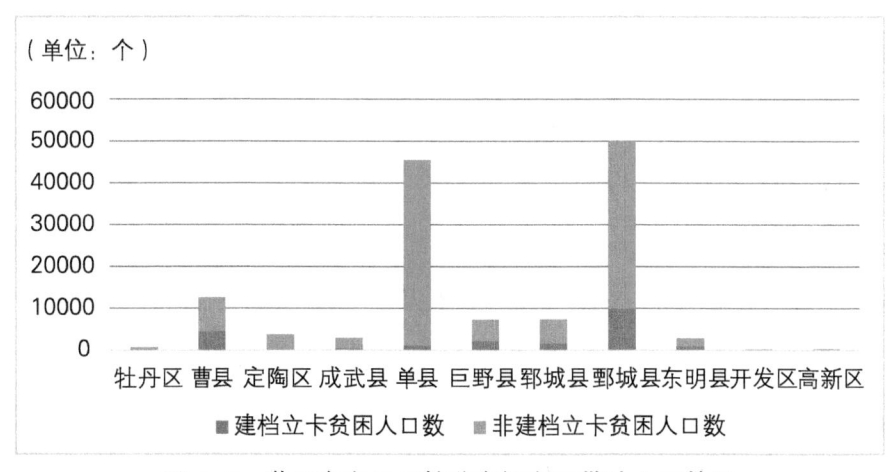

图 4-5　菏泽市各县区扶贫车间安置带动人员数量

二、菏泽扶贫车间模式的综合效益

（一）探索出精准扶贫有效模式，带动就业稳定脱贫

自2013年提出"精准扶贫"概念以来，习近平总书记在多个场合提及和论述精准扶贫，将精准扶贫精准脱贫基本方略概括为"六个精准"，即扶贫对象精准、项目安排精准、资金使用精准、措施到户精准、因村派人精准、脱贫成效精准，并指出精准扶贫精准脱贫要着力解决好"扶持谁""谁来扶""怎么扶""如何退"四大问题。菏泽市扶贫办坚持以习近平总书记关于扶贫工作的重要论述为指引，探索精准扶贫有效实现形式，创新实施"四个一"扶贫措施，脱贫攻坚取得重大进展，2018年，菏泽入选"全国十佳精准扶贫创新城市"，获评第四届国家治理高峰论坛"2017精准扶贫十佳典型"，2019年，菏泽市扶贫办荣获全国脱贫攻坚组织创新奖。

2014年，菏泽市全面开展地毯式精准识别，对贫困人口建档立卡，编制了贫困人口分布、重点贫困村分布、贫困项目分布三张"地图"。彻底弄清了"贫困人口在哪里、贫困村在哪里、哪里贫困人口多、哪里贫困人口少，归谁管、由谁扶、怎么扶、如何退"。"全市贫困人口分布地图"对识别出的贫困人口，对所有乡镇（办）的贫困人口构成状况进行翔实标注，清晰地展现出全市贫困人口点状分布和局部密集的特点；"全市扶贫工作重点村分布地图"显示了扶贫工作重点村各项基本情况及扶贫工作进展情况、成效及本年度扶贫计划等；"全市产业扶贫分布地图"分产业用不同颜色和图像对项目的投资、规模以及扶持企业进行详细标示。三张"扶贫地图"的制作，为扶贫项目布局、调度和监管提供了重要参考。菏泽市根据每个贫困户的不同情况，逐

步建立精准扶贫手册，明确帮扶责任人和具体帮扶措施，实施台账管理，做到"一户一案"全覆盖。菏泽市扶贫办在精准识别中发现，全市55%以上的贫困人口具备劳动能力或部分劳动能力，但有的文化程度低，有的因病因残不宜外出打工，有的因照顾老人、孩子不能外出打工。为让这部分贫困群众在家门口就业，实现"挣钱顾家两不误"，菏泽市政府因势利导，在全市大力推进扶贫车间建设，积极招引劳动密集型项目向贫困乡村布局，探索出了一条以扶贫车间为载体、帮助贫困群众就地就近就业的"造血"式扶贫路子。扶贫车间增加了群众收入，解决了村集体"空壳村"问题，促进了农村经济发展，推动了基层党建，实现了农副产品就地加工包装，降低了加工运输成本，增强了市场竞争力，培养了一批"小老板"和致富带头人，孵化了一批小微企业，为乡村振兴奠定了坚实基础。回顾菏泽发展扶贫车间的历程，可以看出除了勇于改革创新的勇气，菏泽还勇于坚持实事求是的观点，尊重农民首创精神、产业发展规律和减贫脱贫规律，正是三者有机结合，造就了扶贫车间模式的强大生命力。

（二）形成了承接产业转型的有效载体，活跃了地方经济

习近平总书记指出，发展产业是实现脱贫的根本之策。要因地制宜，把培育产业作为推动脱贫攻坚的根本出路。承接产业转移是欠发达地区突破发展瓶颈、实现经济崛起的有效路径。发展经济学研究表明，产业转移是优化生产力空间布局、形成合理产业分工体系的有效途径，是推进产业结构调整、加快经济发展方式转变的必然要求。当前，国际国内产业分工深刻调整，我国东部沿海地区产业向中西部地区转移步伐加快。中西部地区发挥资源丰富、要素成本低、市场潜力大的优势，积极承接国内外产业转移，不仅有利于加速中西部地区新

型工业化和城镇化进程,促进区域协调发展,而且有利于推动东部沿海地区经济转型升级,在全国范围内优化产业分工格局。[①]在影响产业转移和产业转型的众多因素中,一方面,劳动力数量和劳动力技能是其中重要的决定因素,新经济地理学的研究成果指出,包括数量和技能在内的劳动力演化改变了地域比较优势,是诱发产业转移、推进产业转型的内在因素。另一方面,经济增长极对于邻近区域的带动效应,会逐渐散射为覆盖城乡的产业体系。当前,国际国内产业分工深刻调整,我国东部沿海地区产业向中西部地区转移步伐加快。中西部地区发挥资源丰富、要素成本低、市场潜力大的优势,积极承接国内外产业转移,不仅有利于加速中西部地区新型工业化和城镇化进程,促进区域协调发展,而且有利于推动东部沿海地区经济转型升级,在全国范围内优化产业分工格局。

　　扶贫车间的产生和发展,正好抓住国内产业转移的良好机遇。依托中西部地区产业基础和劳动力、资源等优势,承接、改造和发展纺织、服装、玩具等劳动密集型产业,充分发挥其吸纳就业的作用。改革开放以来,山东东部地区凭借区位、人才、技术优势承接了大量国际转移产业,经济发展较快,已形成较完整的产业链条。但经过几十年的发展,土地、能源供应日趋紧张,劳动力成本上升,产业升级压力增大,对能源资源型、劳动密集型产业形成"挤出效应"。对于菏泽市来说,一方面,处于较低经济梯度的劣势使其有承接产业转移的需求;另一方面,菏泽具有生产要素比较优势,具备承接产业转移的能力。首先,菏泽具有丰富、廉价的土地和劳动力资源;其次,菏泽市

---

① 《国务院关于中西部地区承接产业转移的指导意见》,http://www.gov.cn/gongbao/content/2010/content_1702211.htm。

是传统的农业、畜牧大市，农副产品丰富；再次，菏泽处于鲁、豫、苏、皖四省交界处，京九铁路和新石铁路纵横贯通，日东高速、济菏高速、菏关高速、德商高速四条高速公路以及105、106、220、327四条国道贯通全境，交通条件较为便利，具有明显的生产要素比较优势以及承接产业转移的能力。随着"突破菏泽"战略的落实，菏泽逐渐形成了一批有较大影响力的传统产业集群。如郓城和曹县的纺织产业、曹县的木材加工产业、郓城的搪瓷产业、鄄城县的人发产业、牡丹区的食品加工产业等。招商引资以及产业的聚集将扶贫车间嵌入产业链的一环，为扶贫车间提供了合作的平台和机遇，成为扶贫车间稳定长效运营的重要支撑。

实践表明，扶贫车间发展了菏泽农村的二、三产业，带动了一产和农业结构调整，加快了农村一、二、三产业融合步伐，推动了农村经济发展。一些劳动密集型企业利用扶贫车间进行生产，节约了建设成本，降低了用工成本，促进了企业健康快速发展。菏泽全市113家企业通过入驻扶贫车间扩大了生产经营规模，实现了产值增加、效益提升。随着企业生产经营规模的不断壮大，带动了相关产业聚集，增强了产业竞争力。2017年底，菏泽全市发制品、服装加工、农副产品加工上缴税金同比分别增长46.6%、13%和12.5%。

总之，扶贫车间试点的成功并非偶然，近年来随着沿海地区劳动力、土地等要素成本的上升，以及环境容量的压力，青岛等发达地区一批产业纷纷向内陆纵深转移，各县市也都在探索如何在承接产业转移过程中，带动地方经济发展，其难点问题在于，如何有效承接产业转移，并促进其落地生根。就此而言，"扶贫车间试点"成功的价值恰恰在于为菏泽市对接外部发展机遇、促进区域经济发展和脱贫攻坚提供了方法和路径。这种经验的复制和推广，无疑具有重大的现实价值。

（三）壮大了村级集体经济，激发了农村基层组织活力

扶贫车间在选址上主要是利用村集体闲置土地，①通过发展扶贫车间，有效盘活了村集体闲置资产，为发展和壮大贫困村集体经济奠定了基础，激发了农村基层组织活力。具体来说，扶贫车间大多建设在村头荒地或由废弃厂房、学校改建，如此不仅解决了车间建设用地的问题，也盘活了农村撂荒土地、闲置农房等资产资源。扶贫车间建成后产权明确为村集体所有，作为村集体资产出租，年租金约在1.5万—2万元。另外，在每个扶贫就业车间房顶安装光伏发电设备，发电产生的收益也归村集体所有。如：鄄城县通过县恒源开发公司，在农商行贷款8000万元，对所有扶贫就业车间、村级活动场所和村小学房顶等

---

① 山东省标准化研究院、菏泽市扶贫开发领导小组办公室共同起草的山东省地方标准——《精准扶贫 扶贫车间》（以下简称《标准》）正式发布，标志着山东扶贫车间建设进入到一个标准化、规范化、高效化的新阶段。《标准》首次对扶贫车间给予了明确定义，即：建设在乡、村，以不同类型的建筑物为生产经营活动场所，以壮大贫困村集体经济、解决贫困人口就地就近就业为目的，以从事农产品初加工、手工业、来料加工经营等劳动密集型产业为主。其中明确扶贫车间的选址应符合相关法律法规及土地利用总体规划建设用地规定，村内空闲地和空闲宅基地能够满足扶贫车间用地的，不再新增建设用地。建设用地来源包含但不仅限于以下内容：（1）村集体土地：乡（镇）、村、村民小组等类同性质的农村集体经济组织所拥有的土地；（2）建设用地：由县级以上人民政府土地管理部门审批的用于建造建筑物、构筑物的土地；（3）增减挂钩土地：采取建设用地置换、周转和土地整理折抵等办法盘活的乡村建设用地；（4）村内荒地：废弃坑塘及闲散地、滩涂地等；（5）闲置宅基地：村集体收回的个人闲置的宅基地。《标准》强调扶贫车间应产权、收益分配明确。一是使用财政专项扶贫资金、整合资金以及企业、个人等援建的扶贫车间，要和村集体签订资产移交合同，依法对产权公证后，扶贫车间产权归村集体所有；收益主要用于帮扶建档立卡贫困人口，根据贫困人口动态调整情况，适时调整受益对象。二是由政府、集体、部门和企业、个人等联合建设的扶贫车间，应签订资产认定协议，明确产权和分红比例；村集体收益所得主要用于帮扶建档立卡贫困人口。同时，《标准》重点对扶贫车间建设原则、运营管理、资金筹措、用工来源、收益分配等内容进行了明确，便于各地在扶贫车间建设时有遵循、有参照，确保扶贫车间绿色、安全、可持续发展。

安装光伏发电站，计划每村安装10组左右光伏发电设备，光伏发电收入每年在3万元左右，加上扶贫就业车间租金，每个村每年可增加集体收入5万元左右，据统计，截至2016年，全市已有1128个村摘掉了集体经济空壳村的帽子。贫困村集体经济发展壮大，不仅能够协助解决贫困户稳定脱贫问题，也有效助推了村公益事业发展，增强了村级组织的凝聚力和战斗力。

专栏4-1

扶贫一线党旗飘——鄄城县红船镇韩桥村的故事

韩桥村350户1100人，其中贫困户66户133人。该村扶贫车间由鄄城县环保局投资12万元援建，面积316平方米，资产已移交村委会。村支部书记刘万国有发制品加工的经验，带头领租扶贫车间，主要从事发制品加工，其包含缠管、发帘等多个工序。一开始扶贫车间只有10余人（其中3名贫困人员）务工，刘万国就组织村里的党员干部，逐一到群众家中特别是贫困户家中，动员他们就地就近就业，靠劳动增加收入，摆脱贫困。2016年12月，随着生产规模扩大，该扶贫车间注册为鄄城捷翔发制品有限公司。为吸纳更多的贫困群众就业，镇政府投资近30万元，在扶贫车间西侧又建设了一个标准化车间，主要从事发制品定型、包装等。2018年，扶贫车间内吸纳就业人员47名，其中贫困人员25名，月均收入在1000—1500元左右。扶贫车间每年上缴1.5万元租金，全部用于村内贫困户救助。扶贫车间西侧安装了39千瓦光伏设备，收入全部归村集体所有，极大提高了村级党组织的凝聚力和号召力。同时，刘万国还把撕发、拉发等一些初加工工序放到贫困户家中，共辐射带动55名贫困群众和留守妇女增收。

——资料来源：鄄城县扶贫办提供的典型案例

（四）改善了人民生活，促进了乡风文明

扶贫车间模式，不仅为承接产业转移，推动乡村工业化找到了有力抓手，也为助力贫困人口稳定脱贫提供了有效方法。特别是扶贫车间就建在村头，紧邻学校、幼儿园、卫生室、大队部等，因家有老人或孩子无法外出打工的贫困群众，走几分钟路就能到车间，打工挣钱的同时上能顾老、下能顾小，实现了就地就近就业，"挣钱顾家两不误"。贫困群众在扶贫车间打工，每天收入20—100元不等，有了稳定的收入来源，消除了安于现状、"等、靠、要"的依赖心理，增强了自立自强、靠辛勤劳动创造美好生活的信心和志气，使"懒散户转变为勤劳户，'等、靠、要'转变为自己创"。从实践成效来看，扶贫车间吸引了农村劳动力就近就地就业和外出务工人员返乡创业，减少了农村闲散人员，使留守儿童有了陪伴，空巢老人有了依靠，留守妇女有了工作，增加了群众的安全感和幸福感。农民群众有了工作，专心生产、增加收入的多了，串门聊天、玩扑克打麻将的少了；相互交流技能的多了，打架斗殴的少了，改善了农民精神面貌和乡村社会风气。

三、菏泽扶贫车间发展面临的挑战

扶贫车间作为新生事物，在发展过程中也遇到了一些困难与挑战。这些困难与挑战既有源自经济全球化、国家土地与环保政策等宏观层面的挑战，也有来自政府与市场的责任划定不清以及其他省市扶贫车

间的竞争压力等中观层面的挑战，还有来自扶贫车间自身经营管理存在的挑战。可以说，解决好这些问题与挑战是推动菏泽扶贫车间持续健康发展的关键。

（一）宏观层面：推动扶贫车间高质量发展

从菏泽的经验来看，扶贫车间快速发展得益于政府强有力的引导。在普及和推广阶段，政府更多的是借用政策杠杆，调动各方参与以快速扩大规模。但当达到一定"体量"之后，政府的引导和调控政策应以"高质量发展"为主臬，处理好发展与环境资源保护、数量扩张与质量提升、服务与规制等几对关系。

1. 如何在快速发展过程中贯彻好新发展理念

从历史的长时段视域来看，当下新一轮的劳动密集型产业转移，显著不同于之前的几次全球转移。在既往的劳动密集型产业全球转移过程中，主要是由工业发达国家转移至欠发达国家或地区，转移过程中这些欠发达国家和地区不仅劳动力成本优势明显，处于较好的人口红利期，并且环境和土地的容量较大。2006年开始的新一轮劳动密集型产业转移，主要发生在中国内部，劳动密集型产业在区域间的转移过程为中西部欠发达地区承接产业转移，带动了该地区的就近就地就业和城镇化。但同时应当看到，随着中国发展模式的深度调整，中西部地区环境保护和土地利用的压力也逐渐显现，这就意味着在此轮劳动密集型产业转移过程中，转移与转型是同时发生的，对于中西部地区而言，在积极承接产业转移的过程中，更要坚持高质量发展理念，立足地方特点，守住生态红线和土地红线，避免盲目承接产业转移。

调研中我们发现，菏泽在扶贫车间快速发展时期，特别是在政府强有力的政策刺激下，承接产业转移的速度可谓非常迅速。与此同时，虽然从整体来讲绝大多数的入驻项目能够符合当地的环保要求，但一些车间的生产项目存在一定的环保风险。这种风险主要以两种形式存在，其一是这些生产项目本身对环境会产生一些污染，其二是一些车间承接了某些产业的特定环节，而这些产业属于高污染、高能耗产业，由于产业本身的转型与调整，势必对扶贫车间的运行产生影响。数据显示，截至2018年7月，菏泽市使用不正常、停工停产的扶贫车间有246个，其中因扬尘、气体排放、污水排放、环保材料等环保因素停工停产的有60个，占总停工停产数的24.4%。可以预见的是，随着国家污染防治攻坚战推向纵深，以及新发展理念的深度贯彻，未来会有一些项目面临着调整的压力。

另外，中国人多地少，守住耕地红线是基本国策，特别是菏泽市作为传统的农业大市，产业发展过程中的土地约束较为突出。根据国家相关的法律、法规，土地的使用性质不能随意变更。如《中华人民共和国土地管理法》第四条第一款规定："国家实行土地用途管制制度。"该条第二款规定："国家编制土地利用总体规划，规定土地用途，将土地分为农用地、建设用地和未利用地。严格限制农用地转为建设用地，控制建设用地总量，对耕地实行特殊保护。"根据2018年7月菏泽市定陶区对扶贫车间拉网式调查显示，全区共闲置24个扶贫车间，其中因土地违法拆除未运营的就有11个。这并不必然意味着这些扶贫车间不应该建，只是表明扶贫车间的发展确实遇到了用地指标的制约。我们在调研中发现，一些扶贫车间经济效益较好，有扩大再生产的需求，但苦于找不到合适的可以新建车间的场地，对车间进一步发展壮大构成了挑战。

2. 如何进一步提升产品和产业整体竞争力

必须承认，只要是产品均需接受来自市场的检验，只有那些符合消费者需求的产品才能在市场竞争中立住脚跟而不被市场淘汰。在经济全球化背景下，扶贫车间的产品销路不仅依赖于政府、扶贫车间所有者、员工等多方的努力，更受制于市场供求关系的波动。从一定程度上说，产业是市场需求的产物，扶贫车间发展产业就是要在特色上做文章，不求大规模，但要求高效益。但是扶贫车间的特性要求其要顾及村内贫困家庭与劳动力的人口结构和人口数量状况，最大程度地发挥出人力资源优势。这一特点就影响了扶贫车间对产业、产品的选择，最终确定的这些产品可能在市场竞争中处于不利地位。调研中我们看到，随着招商和返乡创业力度的加大，一些区县财政投资建设的扶贫车间虽然没有闲置，但是由于车间面积小、入驻的项目规模较小，受市场影响波动大，使用效率偏低，收益不稳定。个别车间属于季节性使用，利用率不高，长效带动作用不强。有的扶贫车间交通不便，一般只能够招引一些低档加工项目进驻，此类项目生命力不强，受市场影响波动大，很容易造成闲置现象的发生。由于经济结构转型升级、环保和安全生产要求不断提高等因素，对如木材加工、工艺品加工、食品加工等与扶贫车间能够有效对接的产业的冲击较大，造成部分车间闲置或利润下滑。

3. 如何进一步营造良好的经营环境

扶贫车间的兴起与菏泽市委、市政府的大力推动密不可分。菏泽市委、市政府将村中闲置的学校、仓库利用起来，将村中的贫困人口、留守的劳动力集中起来，将扶贫专项资金、政策性金融资金整合起来，以宽松的优惠政策吸引部分在发达地区失去成本优势的劳动密集型企业落户在此，凭借劳动力、土地成本低的比较优势，在带动当地贫困群众就业的同时，为企业自身发展找到新的发展空间。此外，沿海发达地区的土地、厂房、劳动力成本不断攀升，相应也促使一些企业向内地转移。但是从成本比较来看，我国中西部的劳动力成本、土地成本、政策优惠度比菏泽还有更明显的比较优势，加上扶贫车间容易复制操作，有些企业也逐渐向中西部其他地区转移。与此同时，有些外向型的企业为了出口便利、降低环保与土地成本，或者为了获取原材料，也在向海外转移投资。从中国乡村发展的历史长时段来看，留住劳动密集型产业，带动乡村新一轮工业化发展，对于解决农村劳动人口就业、促进乡村和谐发展具有举足轻重的意义。因此，进一步优化营商环境，更好地承接劳动密集型产业落地，不仅能够助推地方经济发展，更有利于农业农村改革发展全局。

4．如何避免区县间争抢项目的"逐底竞争"

发展扶贫车间需要选对产业、强化产业支撑这个基础，与此同时，扶贫车间若要长期、持续地发挥作用，就需要劳动密集型产业来作支撑，同时必须要有相关企业来入驻，从而能够为农村贫困人口、留守人口提供就业岗位。菏泽市扶贫车间模式在全国推广过程中，大多数扶贫车间选择的产品具有工艺不复杂、技术水平不高、生产（加工）方式较为灵活等特点。我们在调研中发现，不少地方的扶贫车间普遍存在着产品品牌化建设滞后，产品同质性较强，且扶贫车间规模比较小，加工模式多为来料加工、来单加工，缺乏完整产业链，企业核心竞争力不强的困局。如安徽省太和县，共投入资金3800余万元，建设扶贫车间83个，已有人发、中药、服装、雨具、编织、工艺品等劳动密集型企业57家入驻运营。再如河南省商水县自2012年开始大力发展由留守妇女参与的巧媳妇工程项目。截至2018年，商水县巧媳妇工程项目已覆盖渔网编织、服装服饰、针织纺织、无纺布制品、箱包玩具、毛发加工、工艺电子、草编塑编、食品加工等20多个产业领域。安徽省、河南省这两个县的扶贫车间产品在其他地方均有存在，这就表明，不仅同一地域的扶贫车间会存在产品竞争，而且不同地域之间的扶贫车间也会有激烈竞争。

（二）中观层面：进一步激活市场主体活力

1. 避免行政思维代替市场思维

在发展的初期阶段，扶贫车间的建设和推广，主要由政府主导，包括通过产业规划、整合资源与理论、提供税收与政策优惠等措施引导贫困户、企业或能人积极参与。通过政府的强力推进，在短期内迅速发展了一批带有标杆性质的扶贫车间，同时带动了一批贫困户就业，并在较短时间内实现了脱贫。这一结果带来了两大积极效应：其一，获得土地、税收、信贷等优惠政策的扶贫车间在短期内获得了盈利，它们对一些外出务工的经济能人、作坊式的家庭户、企业家等群体产生了较大吸引力，促使他们投资扶贫车间；其二，率先脱贫的农户对仍处于贫困状态的农户有着较强的示范效应，形成争先恐后发展产业的大好形势。但一些区县在发展扶贫车间过程中，片面强调政策"看得见的手"，而忽略了市场主体的作用，甚至认为一切问题都可以通过政府主导来解决。

需要肯定的是，扶贫车间在规划、建设、扶持等方面着实需要政府的积极推动，否则很难把村中能人的积极性调动起来，也很难确保企业家或掌握技能者能够顺利返乡创业，扶贫车间的品牌就很难打响，扶贫车间的发展也不会顺畅。但是，在政府强有力的主导下，固然能够使扶贫车间的规模和数量快速扩张，但与之相伴的各种问题也接踵而至。如一些乡镇存在着片面注重完成发展数量指标而忽视发展质量和市场规律的问题。具体表现在：一是某些地方政府跟风盲目建设扶贫车间，只注重发展数量，不注重运行质量。有的地方为完成脱贫攻坚的任务，忽视对贫困人口、劳动力数量的详细调研，匆忙上马扶贫车间。在扶贫车间招工时，面临着招工难和招优秀职工难的局面。二是有的地方政府并未充分考虑扶贫车间所要发展的产业是否顺应市场发展趋势、有没有市场前景，以致造成扶贫车间表面上看起来红火，但发展后劲不足。

2. 强化扶贫车间发展的服务体系建设

中西部农村地区产业发展的最大困境即产业从何处来，以及如何形成稳定持续的产业发展链。从当前菏泽市扶贫车间的产业发展情况来讲，扶贫车间产业来源既有本地传统产业，也有返乡创业、东西部扶贫协作、招商引资等形式带动的产业转移；产品门类涵盖发制品、户外家具、藤编、服装、演出服饰、木制品、工艺品等。尽管经过近几年的发展，扶贫车间产业类型涵盖广泛、产业来源多样，但整体来看，扶贫车间并没有完全做好承接沿海地区产业转移和地方产业转移的准备，尤其是在税收、土地、融资、劳动力储备等方面还存在一定的不足，导致一些在当地从事生产活动的扶贫车间转移到税收更为优惠的地方进行交易活动。同时由于当前扶贫车间使用的是村集体建设用地，车间承租人对车间只享有租赁权，因此在调研中发现一些发展较好的扶贫车间由于生产车间不够或是村中劳动力不足只能承接部分订单，导致很多订单外流，甚至有的车间承租人已经将部分订单生产转移到劳动力资源更加丰富的河南等地。有研究表明，劳动力等要素成本上升是驱动我国区域产业转移的重要力量，未来如何更高效地帮助发展趋势好的扶贫车间进一步扩大生产规模，以及应对劳动力市场不足的挑战是菏泽市扶贫车间发展的重要议题。

另外，菏泽市扶贫车间承接东部沿海地区产业转移的途径主要是通过能人引进的方式，将外出打工已经积累了一定的资金和资源优势的村中能人吸引返乡创业。尽管返乡能人回乡创业能带出一条产业链，但这受限于返乡能人自身的社会资本以及经营能力大小，因此在调研过程中也发现一些扶贫车间因为产业类型选择不恰当，以及承租人经营能力欠缺而导致车间发展失败的情况。尽管我们可以通过更替产业类型和承租人的方式重新启动扶贫车间，但车间项目的变更不仅给村民学习新的技能带来负担，影响其发展信心，同时也不利于产业的稳定和扩大再生产。未来如何更好地引进沿海地区产业，拓宽产业来源的渠道和方式，也是扶贫车间产业发展的重要问题。

3. 引导扶贫车间错位发展突出优势

不可否认，扶贫车间及扶贫车间生产加工的产品相对简单易学、便于推广。从产业类型来看，扶贫车间从事的主要是轻工业品和农副产品初级加工等劳动密集型产业，而这些产业容易被大量复制、学习。显然，这就会带来产品同质性强的问题，如果没有形成完整的产业链条，那么同一地域内部扶贫车间之间的竞争也会比较激烈。对菏泽市扶贫车间产业类型的统计发现，扶贫车间共有81个产业门类（服装、玩具、编艺、发艺、家具、包装、电子、生产生活用品加工、农副产品加工等），从事农产品初加工的304个，从事来料加工的2087个，从事手工业的566个，其他类别的462个。从产业门类的数量上看，菏泽市扶贫车间涉及产业门类非常多元，但分化并不明显，存在着多而不强、大而不强的问题。这无疑会制约菏泽市扶贫车间的长远发展。

（三）微观层面：扶贫车间模式的精细化发展

1. 进一步提升扶贫车间"带贫"能力

菏泽市在创立扶贫车间之初就把扶贫车间的功能定位为扶贫，尤其是把带动贫困人口就业增收脱贫摆在首要位置，坚持解决贫困人口家门口就业的原则。2017年2月，菏泽市出台的《菏泽市扶贫车间4.0版本标准》规定，扶贫车间在用工时，贫困人口用工占比不低于全部用工数的30%。然而，扶贫车间在帮助贫困人口就业脱贫时，并没有实现扶贫政策的预期效果。数据表明，截至2018年7月底，菏泽市扶贫车间直接安置和辐射带动133517名群众在家门口就业，其中建档立卡的贫困人口为21669人，占总就业人数的16.2%，与30%的计划数还有不小的差距。

扶贫车间之所以带动贫困人口就业能力不强，除了贫困人口自身原因（年龄大、患病、身体残疾、文化程度不高）之外，还与扶贫车间的内在性质直接相关。我们知道，扶贫车间这一扶贫模式是政府通过扶植、发展农村地区的产业，促进农村地区的经济增长，从而实现贫困人口的脱贫致富。这背后隐含的还是产业扶贫思路。一般而言，产业扶贫背后至少隐含着两个层面的内容：一是产业扶贫必须遵循市场化逻辑。产业遵循市场化逻辑，自然以逐利为根本，以追求产业效益最大化为目标。在实践中，扶贫车间的经营管理人员在发展产业时主要进行市场化运作，将产业做大做强，进而在市场竞争中占据优势，最终获得最大利润。二是产业扶贫必须遵循帮助贫困户脱贫的社会道德逻辑，这就要求产业扶贫必须承担社会责任，体现其助贫性，要通过发展产业帮助贫困户脱贫致富。产业扶贫背后暗藏的市场化逻辑和社会道德逻辑是两种不同的逻辑，前者主张竞争，强调优胜劣汰；后者主张扶弱，强调社会责任。正是基于这两种逻辑的存在，在扶贫车间的运行过程中，产业的逐利性与扶贫的助贫性之间始终存在矛盾和冲突。"在市场化逻辑指导下通过优势企业发展产业虽然能带来经济的增长，但并不一定能够使所有贫困户受惠；而完全倾向于照顾和吸纳贫困人口的政策往往不利于产业本身的发展。"这也导致政府积极追求贫困人口的脱贫与扶贫车间经营管理者追求利润的价值冲突。

2. 注重规模优势发挥，避免小生产困境

我国乡村工业的发展，实际上走的是分散化、小规模、数量式扩张的发展模式。①不管是20世纪80年代开始的我国第一次乡村工业化还是当前我国正在进行的第二次乡村工业化，工业生产分散、小规模、数量式扩张的发展特征并没有发生改变。尽管这种分散经营的工业发展模式就乡村工业的起步阶段来讲是不可避免的，但不管是20世纪乡镇企业的发展还是当前扶贫车间的发展，这种高度分散化的工业发展模式的缺陷也是明显的，主要体现在无法发挥规模经济的效益，在技术革新、企业间的分工协作以及资源的节约化等方面存在劣势，同时也限制了乡村城镇化的进程和乡村第三产业的发展。②当然在当前的很长一段时间内，小规模的扶贫车间根植于当前的乡土社会，从充分利用农村地区富余劳动力和闲置资源的角度讲仍具有较大的合理性。同时扶贫车间作为一个扶贫项目，必须要考虑到其对乡村社区所产生的社会效益。扶贫车间不仅承担着发展经济的作用，同时它的发展还承

---

① 赵连阁、朱道华：《农村工业分散化空间结构的成因与聚集的条件》，《中国农村经济》2000年第6期。
② 赵连阁、朱道华：《农村工业分散化空间结构的成因与聚集的条件》，《中国农村经济》2000年第6期。

载着通过工业发展推动乡村现代化发展的重担。因此如何克服扶贫车间空间布局分散化的劣势，而充分利用其布局分散的优势，是扶贫车间在转型升级中必须要考虑的重要议题。

3. 进一步加强扶贫车间劳动保护

《菏泽市扶贫车间4.0版本标准》在规章制度方面做了如下要求：贫困人口用工制度、就业保障措施、劳动权益保护、安全生产等制度张贴上墙，能够随时出示贫困人口用工名单及工资发放单（需有贫困群众签名或手印）。在医疗保障方面要求扶贫车间备有急救药箱和常用药品，管理人员需具备简易急救常识，急救药箱由市卫健委无偿提供。在劳动保护方面，要求扶贫车间依据劳动法有关规定，车间经营者与务工人员签订劳动合同或劳动协议，不得无故克扣、拖欠工资。工作车间有粉尘、异味等情况的，需提供工作服、口罩等防护用品，切实保障务工人员劳动权益。在安全生产方面，要求扶贫车间制定安全生产规章制度，张贴上墙并严格执行以及消防设施齐全。在调查中发现，贫困人口的用工名单能够上墙，工资发放也有记录，但是一些扶贫车间在医疗保障措施、劳动合同签订、安全生产防护等方面还非常欠缺。2018年7月，菏泽市对下辖某县的867个扶贫车间调查发现，全县有196个扶贫车间周边和道路未硬化，426个扶贫车间没有取暖设备，106个扶贫车间没有降温设备，182个扶贫车间没有医药箱，23个扶贫车间没有消防设施，209个扶贫车间没有车棚，42个扶贫车间没有卫生间。

第五章

转型与升级

菏泽市委、市政府高度重视扶贫车间的可持续健康发展，特别是在扶贫车间发展已经具备一定的规模和体量，并在实践中暴露出一些问题的关键时间节点，探索扶贫车间未来转型发展的路径与方法无疑具有重要的现实意义和政策价值。在这一部分，我们将结合课题组的实地调查和研究，尝试性地提出相关理论思考和政策建议。需要特别说明的是，以下这些思考，仅仅代表研究团队的观点，相关建议的准确性和政策价值有待进一步研究和讨论。

一、菏泽扶贫车间发展的新趋势

菏泽市委、市政府高度重视掌握扶贫车间的运行动态和发展趋势，市委、市政府主要领导，市扶贫办领导多次深入实地调查研究。特别是 2018 年 7 月，组织对全市扶贫车间运行状况进行了"拉网式"排查，此后又多次开展主题调研。市扶贫办专门邀请相关领域专家，分别于 2018 年 7 月、11 月和 2019 年 4 月、5 月，围绕着扶贫车间发展趋势与转型升级进行实地调查和深入研究。在多轮调查中，我们发现，经过近几年的发展，扶贫车间不仅有效有力促进了菏泽脱贫攻坚目标的实现，也为促进新一轮乡村工业化发展提供了载体和平台，对乡村经济社会发展带来了诸多积极改变。同时，在扶贫车间发展过程中也出现了一些新的趋势和变化，对这些趋势和变化的准确把握，将有益于促进扶贫车间可持续健康发展，激活其所蕴含的巨大潜能，促使其在乡村振兴过程中继续发挥作用。

（一）承接产业转移的新趋势

从劳动密集型产业区域转移的规律来看，并不是一开始就会完成整个产业链条在区域之间的整体转移，往往是在初始阶段仅仅就某一个特定的生产工序"尝试性"地转移到劳动力成本更为低廉的地区，继而逐渐带动其他上下游产业链条的转移。在菏泽扶贫车间发展的过程中，我们看到上述产业转移规律在几个行业中已经清晰可辨。例如，鄄城县箕山镇箕山村扶贫车间，最初由箕山镇政府投资12万元建成316方平米的厂房，由该镇返乡创业人员赵希贵承租，主要从事藤编加工，年加工藤椅600多万件，产品主要销往广州、苏州、杭州等国内市场以及新加坡、马来西亚等国外市场。2017年8月，该扶贫车间务工人员86人，其中贫困人员35人。由于产业选择合理、经营管理有方，该扶贫车间产品供不应求，先后在鄄城县大埝镇、左营乡、旧城镇、红船镇等承租扶贫车间8个，开设分点45家，辐射带动2000余人从事藤编加工。调研中，我们对承租人和箕山镇相关干部开展了深入访谈，据介绍，该扶贫车间在建设之初，仅仅从事藤编加工，所需材料及零部件均由外地供应，在箕山镇只是做最后的加工环节，之后再将产品交付给订货商。在这两年的发展过程中，产业规模不断扩大，并且一些上游的产业也相继落地箕山镇，如塑料颗粒加工藤条、钢管制备骨架管等。随着这些产业的落地，不仅更大范围地带动了就业，还逐渐形成了一定规模的产业聚集，经营效益有了大幅提升。类似的产业还包括电子产品，如鄄城县某扶贫车间原先仅仅加工耳机、音箱用数据线，由于经营效果好，逐渐吸引到音箱发音设备等相关高附加值生产环节入驻该扶贫车间。我们可以概括为"车间—工厂—产业集聚"的发展脉络，毫无疑问，这种发展脉络契合劳动密集型产业转移的一般规律，并且可以预见在未来几年中还会有不少产业经历类似过程。有鉴于此，宜及早谋划，因势利导，促进产业集聚，提升产业规模，提高产业效益，进一步带动高质量乡村工业化和就近就地就业的发展。

（二）国内市场发展的新趋势

在实地调查中，我们发现，早期在扶贫车间生根的"引进产业"多是面向外贸的服装、玩具等加工出口产业，甚至一些本地传统产业也多是以出口为导向的，如鄄城的发制品加工，曹县的木制家具、芦笋等。然而，随着内需市场的兴起，国内市场对相关产品的需求在快速增长，形成了效益较为可观的新兴市场领域。同时，随着电商的迅猛发展和物流成本的迅速降低，线上销售市场的规模逐年增加。一方面，我们看到，一些扶贫车间已经逐渐形成一定规模和品牌，在国内市场产生了一定的影响力，形成了较为稳定的分销网络和受众群体。另一方面，随着国内市场的日趋细分化，定制生产等新兴生产形态在一些行业中已经形成规模。一些经营理念较为先进的扶贫车间已经在谋划积极适应这种市场变化。总体而言，市场在资源的配置中必将发挥决定性的作用，但通过政策引导和扶持，以及行业性、区域性公共产品的供给，将是未来助力扶贫车间转型升级的重要路径。

（三）就业创业的新趋势

在扶贫车间快速发展的过程中，外出务工人员返乡创业和本地能人领办企业占据较大的比重，成为重要的推动力。由外出务工人员返乡创业和本地能人领办的扶贫车间，能够促使产业发展与当地社会环境的良好融入，并且易于形成企业之间的横向协作关系，从而有效地节省交易成本，提升产业效能。在扶贫车间的发展历程中，外出务工人员返乡创业和本地能人领办企业始终保持了较为旺盛的活力，持续地推动着扶贫车间快速发展，也为乡村振兴积累和培育了人才。可以预见，随着扶贫车间的进一步转型升级，经营管理人才、技术人才队伍的建设将是关乎扶贫车间可持续发展的重要议题。

（四）"产村融合"的新趋势

经过探索与发展，扶贫车间已经从早期实现脱贫攻坚目标的有效模式，发展为实现乡村产业振兴、带动农民就业增收和促进乡村治理能力提升的重要力量。从调研情况来看，已经有不少的村镇依托扶贫车间平台，将本地特色的农产品等优势资源推向市场，获得了稳定的收益。同时，扶贫车间带动的广泛就业，不仅成为带动农户增加收入的重要力量，而且积极引导和转变了广大村民的精神面貌，崇尚劳动、崇尚积极健康的生活方式逐渐深入人心。此外，扶贫车间的发展较为有效地壮大了贫困村的集体经济，基层组织为民办事有了资源，有了能力，战斗力和凝聚力显著提升。进一步发挥好扶贫车间的积极作用，必将有效地促进乡风文明和治理有效开展。

二、推动菏泽扶贫车间转型升级的总体思路

毋庸置疑，近几年菏泽扶贫车间取得了令人瞩目的成绩，不仅成为菏泽市因地制宜精准扶贫的有效政策模式，也为带动当地民营经济繁荣、乡村治理水平提升提供了有力支撑。然而，从国内外经验来看，劳动密集型产业的发展有其内在的规律，早期阶段的发展中政府往往扮演着强有力的"援助之手"角色，而随着时间的推移，劳动密集型

产业在自身产业规律的作用下,会无可避免地经历转型升级的过程,市场机制、产业规律在资源配置和产业发展中将会发挥决定性作用。同时,我们还需要将扶贫车间的转型升级置于中国劳动密集型产业空间布局调整和推动乡村振兴战略全面实施的历史视野下认识。我们认为,预见性地把握相关规律,找准扶贫车间发展的可能方向,将有利于及时作出相应的政策调整,推动扶贫车间模式持续健康发展。

(一)实现从"扶贫车间"到"发展车间"的转型

党的十八大以来,以习近平同志为核心的党中央高度重视扶贫开发工作,将打赢脱贫攻坚战作为全面建成小康社会的底线目标和标志性指标,以前所未有的力度推进。党中央、国务院先后出台《中共中央国务院关于打赢脱贫攻坚战的决定》《"十三五"脱贫攻坚规划》等重要的纲领性、统揽性文件,对脱贫攻坚总体思路、目标任务、实现路径进行了决策部署。特别是在"中央统筹、省负总责、市县抓落实"的扶贫开发管理体制下,各地积极探索契合地方特点的精准扶贫实践模式,对推动地方脱贫攻坚工作深入开展发挥了至关重要的作用。前文已述,扶贫车间的诞生,首先是在菏泽市委、市政府领导下,菏泽扶贫办为打赢脱贫攻坚战探索出的就业扶贫工作模式。实践表明,该模式具有科学性和有效性,有力促进了菏泽脱贫攻坚目标的实现,也为全国脱贫攻坚战贡献了智慧和经验。

值得注意的是,在实践中我们发现,扶贫车间不仅是带动贫困人口就业、实现稳定脱贫的重要政策创新,也绽放出巨大的经济活力,带来多方面的积极成效。我们从前文的分析中可以确凿无疑地看到,扶贫车间已然成为菏泽乃至全国兄弟市州承接劳动密集型产业转移、带动地方民营经济部门发展的重要平台,不仅在"脱贫富民"上有贡献，而且在"强市强内生动力"上也有巨大潜力。尤其是我们看到菏泽市在释放扶贫车间综合效益方面形成了有益探索。如将扶贫车间发展与农村集体经济发展相结合、与乡村治理相结合。这些探索，无疑为全面实施乡村振兴战略①奠定了基础，积累了经验。但同时也应当看到，与全面乡村振兴的二十字方针要求相对照，目前的工作仍有不少改进空间。"统筹衔接脱贫攻坚与乡村振兴"对扶贫车间的转型升级提出了相关要求，扶贫车间的发展要符合乡村振兴"产业兴旺、生态宜居、乡风文明、治理有效、生活富裕"的总要求，为"构建农村一、二、三产业融合发展体系"作出应有贡献。在乡村振兴大背景下，"扶贫车间"应逐步向着"发展车间"转型，将之构筑成乡村振兴的有效载体，充分发挥"发展车间"在乡村振兴中的作用，对标乡村振兴的要求，促进扶贫车间持续健康发展。

（二）实现"扶贫车间"到"致富车间"的转型

扶贫车间是菏泽抢抓沿海地区产业转移的发展环境机遇，创造性地提出促进本地农村剩余劳动力就近就地就业的政策模式。可以预见，在未来较长的一个时期内，产业转移的趋势仍将为菏泽地方经济发展和农民增收提供持续的推动力。问题在于一方面要更好适应产业转移

---

① 党的十九大报告明确提出要"实施乡村振兴战略"，指出"要坚持农业农村优先发展，按照产业兴旺、生态宜居、乡风文明、治理有效、生活富裕的总要求，建立健全城乡融合发展体制机制和政策体系，加快推进农业农村现代化"。2018年1月，《中共中央国务院关于实施乡村振兴战略的意见》印发，明确指出"乡村振兴，产业兴旺是重点"，提出要从"夯实农业生产能力基础、实施质量兴农战略、构建农村一二三产业融合发展体系、构建农业对外开放新格局、促进小农户和现代农业发展有机衔接"这五个方面出发，提升农业发展质量，培育乡村发展新动能。2018年6月15日《中共中央国务院关于打赢脱贫攻坚战三年行动的指导意见》印发，指出要"统筹衔接脱贫攻坚与乡村振兴"，"脱贫攻坚期内，贫困地区乡村振兴主要任务是脱贫攻坚。乡村振兴相关支持政策要优先向贫困地区倾斜，补齐基础设施和基本公共服务短板，以乡村振兴巩固脱贫成果"。

的整体规律,另一方面要着力增强区域发展与农民稳定增收之间的联结机制建设。

从学理上讲,产业转移是指产业的空间移动或迁移,它包括企业的实际迁移,也包括厂商向外地投资新建企业的迁移,还包括向外地分支机构增加投资力度的内部资金转移,甚至还包括发达地区原来从事某制造业的企业资金在原地向其他行业的投资。[1]第二次世界大战后七十多年间,在全球范围内一共发生过三次大规模的产业转移。20世纪90年代以来,第四次国际产业转移开始出现。与前三次不同的是,第四次产业转移呈现模块化特点,产业转移体现出速率快、全球分工协作网络化的特征。具体来说,产业向发展中国家转移的过程与发达国家产业结构调整的过程相互叠加,制造业链条正沿着由低附加值链条和部门向高附加值链条和部门的顺序持续地向低成本国家外移和外包。[2]这种趋势,为我们理解产业转移规律提供了有益视角。

进入21世纪以来,伴随着第四次国际产业转移的深入推进,我国的产业转移也随之发生。我国东部沿海地区的传统产业面临日益增大的环境、资源和要素成本不断提高的压力,迫使这些产业向区域外转移。中西部地区土地和劳动力资源禀赋相对优越,通过承接东部地区转移的产业可以加快自身产业发展,加速工业化进程,缩小与东部地区经济发展的差距,实现区域间协调共同发展。从整体来看,近年来随着我国中西部地区经济的发展、内需市场的扩大及产业结构的整体提升,国内产业转移呈现新的特点。

一方面,东部地区对中西部地区产业转移不仅仅局限于传统低端

---

[1] 张新芝:《区域产业转移的发生机制研究》,经济管理出版社2014年版。
[2] 潘悦:《国际产业转移的四次浪潮及其影响》,《现代国际关系》2006年第4期。

产业，已经逐步扩展到电子信息、装备制造、新能源等高端产业，同时更加注重对转移承接地区综合制造成本的考量、对产业配套能力的要求及对转移承接地区消费市场的考察；另一方面，国内产业转移逐步打破东部向中西部单向转移的态势，呈现出石化、有色金属等部分产业沿海化布局的趋势，而部分中西部地区的龙头优势企业也开始将总部和研发基地迁往东部地区，充分利用当地的科技、人才和总部企业聚集优势。[1]综合来看，我国产业转移正在步入全面优化产业链布局、转移和转型协调的新阶段。在这个新阶段，我国国内产业转移的新态势是以龙头企业和大企业为核心，开始实行组团式或产业链条式的整体转移。龙头企业和大企业不再仅仅满足于加工车间和生产车间的简单转移，而是基于降低成本、接近原料产地、贴近市场等综合考虑，同时将包括研发、采购、销售、物流，以及售货服务在内的一个产业的上、中、下游各个阶段、各个营运环节进行整个产业链的大规模转移。

面临国内产业转移的新态势，扶贫车间的发展不能再满足于简单的来料加工，而应该顺应东部产业转移的新态势，抢抓机遇，努力承接东部地区转移出来的、有助于中西部地区特别是贫困地区产业发展的平台型、龙头型企业，特别是要形成区域合力，承接成型配套的产业链。充分利用东部企业的技术平台、企业管理平台、人才平台、市场营销平台，利用好东部企业转移的新技术、新产品、新能力，加快促进扶贫车间的转型升级，构建中西部地区特别是贫困地区的工业经济体系。

---

[1] 前瞻产业研究院：《我国产业转移的特点分析》，https://f.qianzhan.com/chanyeguihua/detail/180814-9c239b37.html。

还应注意到，在实践过程中应避免盲目承接产业转移的做法，在立足自身资源禀赋和特点的基础上，自觉以新发展理念统领相关政策供给和实践工作。党的十八届五中全会提出的"创新、协调、绿色、开放、共享"新发展理念，对于解决中国经济社会发展中存在的主要问题具有很强的针对性，既是解决问题的思路和方法，也是今后发展应该追求的目标。创新发展才能提高企业的竞争力，保障经济发展的后劲以及提升国家的整体实力；协调发展才能避免经济社会发展中出现的各种矛盾冲突，保障经济社会平稳健康发展；绿色发展才能提高发展的质量以及保障发展的可持续性，避免生态灾难和代际不公；开放发展才能使中国的发展既能充分利用国际资源和市场，又能为世界经济发展作贡献，提高中国的国际地位和影响力；共享发展才能保障人民群众平等享有发展带来的进步和成果，促进社会公平正义，避免造成社会分裂和不公。①

扶贫车间的转型升级面临产业转移的新态势和新机遇，同时亦面临发展理念的转变。在转型升级的过程中，扶贫车间要以新发展理念为根本遵循。创新发展理念要求扶贫车间就业扶贫模式必须根据农村现有经济社会基础，在依据农村现有劳动力人力资本的前提下不断推进技术创新、管理创新和制度创新，适应农村地区特别是贫困地区脱贫攻坚战略，推动贫困地区经济社会发展；协调发展理念要求地方政府在推动扶贫车间发展的过程中，避免"一窝蜂"式盲目上马的局面，在转型升级的过程中注意产业布局的区域协调和城乡协调；绿色发展理念要求扶贫车间转型升级过程中需要与生态环境相协调，将产业选

---

① 程同顺：《五大发展理念：转变中国发展方式的新起点》，http://www.xinhuanet.com//politics/2016-03-29/c_128843366.htm。

择与布局中的环保问题和生态发展放在首要位置，树立生态文明理念，打好生态保护、绿色发展两张牌，把循环经济和绿色生产作为扶贫车间主要生产模式，提供更多的生态产品，使中西部地区潜在的生态优势转化为现实的经济优势；开放发展理念要求扶贫车间在转型升级的过程中不仅要关注国内市场，还要瞄准国际市场，要抓住"一带一路"、东西部扶贫协作和长江经济带等诸多国家战略的有利时机，主动融入国家整体发展战略，通过扩大开放，寻求更多的发展机遇；共享发展理念要求扶贫车间转型升级必须要紧扣脱贫攻坚战略和民生发展主题，要将"富民"作为扶贫车间发展的主题思想，通过扶贫车间让当地居民有更大的获得感，共享经济社会发展成果，真正实现从"扶贫车间"向"致富车间"的转型和升级。

（三）促进城镇体系、产业体系、人口体系三系协同

2013年12月，中央城镇化工作会议分析了我国城镇化发展的形势，讨论了《国家新型城镇化规划》，提出了推进新型城镇化的战略部署。以人为本、四化同步、优化布局、生态文明、传承文化，是中央对新型城镇化科学内涵的高度概括。其中，以人为本是新型城镇化的实质，也是城镇化科学发展的根本保证，要坚持城市建设和城镇化同步推进，不断提高城镇基础设施和公共服务水平，使城乡居民平等参与城镇化进程，共同分享城镇化发展成果，过上更加幸福美好的生活。四化同步，就是要推动信息化和工业化深度融合、工业化和城镇化良性互动、城镇化和农业现代化相互协调，促进城镇发展与产业支撑、就业转移和人口集聚相统一，促进城乡要素平等交换和公共资源均衡配置，形成以工促农、以城带乡、工农互惠、城乡一体的新型工农、

城乡关系。①

城镇化是一个复杂的系统过程,除非农产业在城镇集聚、农村人口向城镇集中的总体现象外,其在土地利用方式、人口聚集及就业、人们的消费结构和精神面貌、地理的景观变化、自然及生态条件的转变等方面均发生着不同程度的转变。归根结底,城镇化可以分为物的城镇化和人的城镇化两个方面。物的城镇化包括土地利用、城市景观、基础设施和空间格局等方面,其根源和支撑在于土地。人的城镇化包括就业结构、需求结构、精神素质和公共服务等方面,其根源和支撑在于产业。②新型城镇化是一种人的城镇化,强调城乡基础设施一体化、公共服务均等化以及农村产业化。菏泽市扶贫车间的转型升级,需要顺应新型城镇化趋势,积极推动城镇体系、产业体系与人口体系协同发展。

产业化的不断发展是城镇化发展的动力源泉,只有依靠产业化的不断发展,城镇化的发展才能获得就业的支撑和基本公共服务的保障。扶贫车间的转型升级,为菏泽市的农村产业化奠定了基础,扶贫车间的发展,带来的不仅仅是农业产业化,更多的是乡村工业化。这种类型的产业化可以带动人口和企业在农村地区的集中,从而进一步吸纳更多的劳动人口,特别是非农劳动人口。非农业领域就业比重在农村地区不断上升,服务业就业比重在非农产业领域的占比不断上升,劳动力就业结构的改变促进带动了城镇化发展。产业化也可以为城镇化提供就业岗位、工资、利息和利润。城镇化过程在一定程度上提高了

---

① 人民网:《推进以人为核心的新型城镇化》,http://theory.people.com.cn/n1/2017/0222/c410789-29099090.html。

② 孙久文、闫昊生:《城镇化与产业化协同发展研究》,《中国国情国力》2015年第6期。

非农劳动力的供给，这为农村劳动力回流提供了产业基础。

城镇体系、产业体系、人口体系的协同发展要注重主导产业的选择，这是菏泽市扶贫车间转型升级的条件，亦是机遇。菏泽市在推进扶贫车间转型升级的过程中，应根据地区区域要素禀赋、比较优势，做大做强主导产业，提高产业的关联度，发展新兴产业，培育发展各具特色的产业体系。在推进扶贫车间转型升级、推进城镇化进程的同时，要发展当地第三产业，吸纳更多的非农劳动人口，改善当前农村空心化现状，促进良好人口体系的构建。需要注意的是，在推进城镇体系、产业体系、人口体系的协同发展的过程中，一定要注重"三系协同"，不要过于偏向一方，不能为了城镇化而城镇化，亦不能为了发展扶贫车间而单一推进产业化，要防止城镇化程度超过产业的承载能力，出现局部城镇化冒进的现象。选择扶贫车间的主导产业要注重长期规划，政府在制定扶贫车间转型升级规划时要考虑地方发展特点和环境与生态条件，根据产业未来发展趋势与当地的自然和社会承载能力从长远出发制定规划，努力避免短期行为。

（四）分类指导推动扶贫车间转型发展

菏泽市扶贫车间发展以来，在资金、技术以及产业发展经验等各方面都有了一定的积累，为数不少的扶贫车间已经注册成为小微企业。扶贫车间的转型升级和发展方向是下一步的重要议题。扶贫车间的转型升级工作，必须在明确扶贫车间发展定位的基础上，分类、分业地开展转型升级工作，分类扶持，精准服务。

分类指导其实是新发展理念下的产业转移对策。所谓分类，就是要给予区分，分类指导就是给予差别化的指导。因为产业经济发展规律揭示，每一个地区、每一个行业，其发展路径都是不同的。罗森伯格在《探索黑箱》中曾经试图从不同区域、不同行业的发展中总结出一般规律,后来他惊讶地发现,虽然各个国家的发展都遵循技术升级路线,但技术升级的模式千差万别,特定的时间、特定的空间造成了模式选择的差异。因此,选择合适的发展模式尤为重要,也是决定成败的关键。体现在产业转移上,就是要根据各个地方的区位特点、特色优势、产业基础、资源环境容量来承接产业转移,形成分工合作、优势互补的产业格局。一个地区相比其他地区有资源禀赋、人才资源、技术积累、产业配套等各方面的不同,因此绝不是任何产业都能够适合当地发展,而应当发展适合在该地区发展的产业,以充分发挥资源优势和产业特色,以实现资源要素的高效配置。分类指导具体落实在产业转移政策的制定和实施上。在优先承接发展的产业规划上体现本地区的主导产业优势,根据本地区的产业定位、配套基础给予合理的政策支持,在考虑如何与其他地区进行产业分工合作,构建产业链的基础上实施部门协调和指导。[①]具体到扶贫车间的转型升级上,分类指导指的是不同类型、不同运行状况的扶贫车间的未来走向可能会有较大差异,需要因势利导推动转型发展。

一方面,扶贫车间的转型升级必须要考虑当前中西部农村地区的现实环境,同时维系扶贫车间作为一个产业扶贫项目的建设初衷。在当前很长一段时间内,扶贫车间所依赖的劳动力资源仍根植于乡土社会,农民"离土不离乡"。从事车间生产劳动只能是一种兼业化的存在,尤其当前扶贫车间还处于发展壮大的积累阶段,还不具备吸引资金、技术、外来劳动力的聚集优势,同时扶贫车间的发展也不具备20

[①] 李颖:《分类指导视角下的产业转移对策研究》,《现代产业经济》2013年第5期。

世纪80年代乡镇企业发展初期所具备的广阔市场环境,能够快速进行资金、技术的积累从而实现产业的转型升级。因此在一段时间内,劳动密集型产业仍是扶贫车间产业发展的重点;另外扶贫车间的建设初衷是希望能够让那些文化素质不高、缺乏就业技能、身体有残疾或上有老下有小、不能或不宜外出打工的每一个有劳动能力的贫困群众"有活干、有钱挣",通过就近就地就业实现脱贫。因此扶贫车间不管如何转型升级,都需要将这部分群众考虑在内。

另一方面,扶贫车间的转型升级必须要根据扶贫车间的发展情况进行分业分类扶持,精准服务。从调研的情况来看,不同行业、不同发展阶段的扶贫车间其转型升级的需求具有较大的差异。如对于有技术创新的扶贫车间应利用政府平台的资源优势为其提供技术交流和学习的机会。创新驱动已经成为产业升级的重点,尤其对从事服装产业和木制品加工等产业的扶贫车间来讲更是如此,要打造自己的品牌,获得稳定持续的发展,就必须进行研发投入。另外,对于一些有扩大再生产、扩展产业生产环节的扶贫车间面临的在融资、税收等方面的困境,也要积极了解并加以解决,避免因政策瓶颈制约扶贫车间的发展。而对于那些出现闲置、生产效益不佳的扶贫车间,也需要进行有针对性的扶持,帮助车间承租人找准问题原因,精准识别、精准帮扶。

三、实现扶贫车间转型升级的路径选择

菏泽市扶贫车间几年的发展经验及现状表明,不同类型的扶贫车间其潜力与价值存在较大差异,因而在推动扶贫车间转型升级上,应坚持分类施策的原则。转型升级是产业发展的内在过程,应尊重市场机制的基础性决定性作用,但同时应更好发挥政府的服务和引导作用。

（一）推动政府对扶贫车间服务升级

扶贫车间发端于脱贫攻坚时期，政府扶持是扶贫车间得以发展并日益壮大的重要原因之一，政府在扶贫车间试点及推广阶段的作用主要以高位推动、政策支持的方式体现，菏泽市扶贫办在关于扶贫车间发展的调研报告中指出"坚持高位推动"是扶贫车间得以发展的重要原因，"菏泽市委、市政府将扶贫车间作为脱贫攻坚的重要抓手，市委书记、市长多次作出批示，并亲自到县区调研督导，扶贫开发领导小组坚持每月召开一次现场会或观摩会。全市整合行业部门资源，发挥市、县、乡三级财政主体作用，动员企业等社会力量参与，在有条件的村全部建设扶贫车间"。政策支持是扶贫车间发展的基础，在推动扶贫车间转型升级的过程中，各级政府对扶贫车间的支持不仅仅体现在政策支持层面，更需要多层次的服务升级。

第一，要进一步优化扶贫车间产业发展的政策环境，不断破除制约扶贫车间发展的体制机制障碍。特别是要注重优化新兴行业的发展环境，不仅需要在市场主体准入登记上有所作为，更需要形成与扶贫车间行业发展、产业发展相适应的政府部门管理和扶持的合力，营造一个开放、包容、审慎的成长环境。在这个过程中，首先，需要坚持问题导向。聚焦解决扶贫车间产业经济发展面临的问题，完善问题发现、解决机制，把握重点、攻克难点，着力破解制约扶贫车间转型升级产业发展的瓶颈问题。其次，要坚持需求导向。积极关注产业热点和企业需求，尊重企业首创精神，注重将市场和企业需求转化为普惠性的政策措施，加强经验总结，完善长效机制。最后，要坚持协同推进。围绕促进扶贫车间产业经济发展，强化部门协同，建立会商机制，加强协调配合。

第二，提供更好政府服务，做好政策安排，为扶贫车间的市场化转型保驾护航。市场化是扶贫车间正规化的重要路径之一，扶贫车间本身的发展和所在产业的发展方面必须走市场化道路。几年来，菏泽市扶贫车间的快速发展与政府扶持密切相关。菏泽市先后出台《扶贫车间财政扶持办法》《扶贫车间金融扶持办法》《扶贫车间规范管理办法》等文件，可以说正是政府的全方位支持，使菏泽市的扶贫车间在短期内取得了长足发展，为扶贫车间的转型升级奠定了基础，提供了条件。但是，我们必须清醒地认识到，扶贫车间承载着脱贫和产业转移双重任务，产业发展必须符合市场规律，扶贫车间的进一步发展必须遵照市场化原则，政府提供的各类服务要围绕扶贫车间的市场化转型积极布局。

第三，要加强行业性、区域性公共产品供给。在扶贫车间转型升级的过程中，政府部门也要积极引导建立相关的行业协会，发挥行业协会的引领、规范作用，推动行业的健康发展，尤其是那些租用生产车间较多、发展较好的产业，如服装产业、发制品产业、木制品加工产业等需要积极引导建立相应的行业协会，充分发挥行业协会作用，抱团发展，错位竞争。行业协会的建立不仅能够促进行业性公共产品供给，如举办广场舞服饰展销会、演出服饰展销会，联合相关单位举办全国广场舞大赛等宣传活动，以此建设区域品牌；同时还能利用行业协会加强产业发展人才队伍建设、推动经营管理经验交流、结合产业需求开展技术培训等，推动产业的健康持续发展。

（二）推动扶贫车间"平台化"转型

扶贫车间诞生于脱贫攻坚阶段，菏泽结合外部发展环境与地方禀赋特点，因地制宜探索出了就业扶贫工作模式。在脱贫攻坚过程中，扶贫车间展现出有效性和科学性，取得了可喜的成就。可以预见的是，扶贫车间在乡村振兴过程中仍将发挥重要的作用，而在这一过程中，促进扶贫车间的平台化转型升级是基本的发展思路。我们将从"稳定长效脱贫平台""承接产业转移平台""民营经济发展平台""能人创业平台""农业现代化发展平台""产村融合平台"六个方面介绍促进扶贫车间平台化转型升级的思路。

1. 稳定长效脱贫平台

就业是最大的民生。通过带动就业促进脱贫是从根本上解决贫困问题的有效路径，菏泽扶贫车间在创立之初就具有鲜明的"带贫"定位。实践表明，扶贫车间的就业扶贫模式具有带动面广、适应性强、脱贫成效稳定等多重优势。特别是对于一些弱劳动力群体，也能够在扶贫车间寻找到较为合适的工作岗位，挖掘自身潜能实现脱贫。据粗略统计，截至2019年3月，全国已建成超过3万个扶贫车间，带动建档立卡贫困人口就业脱贫接近100万人。扶贫开发是长期的工作，不会随着脱贫攻坚战的胜利而告终结，在防止返贫、治理相对贫困的过程中，扶贫车间依然能够发挥重要作用。因此，在谋划脱贫攻坚与乡村振兴战略衔接，以及2020年后减贫治理体系建设中，扶贫车间的就业带动模式依然会是科学有效的减贫工具。要巩固和完善贫困动态监测体系，对适合就业扶贫的贫困人口开展相应的动员、技能培训、岗位匹配，促进其内生发展能力的形成，促使扶贫车间成为乡村振兴过程中的稳定长效脱贫平台。

2. 承接产业转移平台

2008年以来，在多重复杂原因的共同影响下，沿海劳动密集型产业逐渐向中西部地区转移。中国社会科学院副院长蔡昉指出，中国劳动密集型产业的区域转移将形成"大国雁阵模型",有力促进中西部地区的新一轮工业化发展。菏泽扶贫车间就业扶贫模式,恰恰是在这一轮产业转移的推动下形成的。不同于劳动密集型产业向中西部地区转移的早期阶段,扶贫车间以向县市工业区、开发区聚集为特点的模式,提供了中西部地区承接产业转移更具优势的平台。由于邻近乡村,用工形式更为灵活,能够带动劳动力更广泛地参与,企业运营的各类成本更低。因而,扶贫车间模式得以在政策的扶持下快速扩散。从最近几轮的调研来看,这一趋势仍在继续,并且恰如前文指出的,一些产业已经形成了"车间—工厂—集聚区"的发展态势。可以说,未来几年仍将持续吸引相关产业、企业落地,而在这一过程中,需要适时调整政策,以更加契合产业转移的需求,搭建更有效的"承接产业转移平台"。例如,在脱贫攻坚阶段,为了更充分带动贫困人口参与,扶贫车间建设多遵循微小、邻近的原则,而随着产业转移过程的深入以及企业进一步发展的需求,对扶贫车间的建设规模、选址、标准化建设宜做进一步的调整。

3. 民营经济发展平台

扶贫车间的建设与发展,在有效促进脱贫攻坚目标实现的同时,也为地方民营经济发展注入了活力。我们看到,扶贫车间有效地带动了菏泽当地传统产业的快速发展,不少扶贫车间在运营过程中规模不断扩大,企业效益明显提升,并且其中已有很多车间注册为小微企业,在带动就业的同时,贡献了税收。特别是在鄄城县、曹县、成武县等地,已形成特色民营经济发展的聚集区,产业链条完整度、企业之间的横向联系网络不断加深,民营经济步入快速发展的轨道。同时,随着市场环境的变化,一些敏锐的扶贫车间创业者和领办人,已经在积极主动地适应国内国外、线上线下市场的新动向。从这些扶贫车间演进的新趋势中,不难看出,未来有望以扶贫车间为依托,形成民营经济发展平台。值得注意的是,由于民营经济部门往往规模小、经营分散,公共品牌、服务体系等行业性公共产品的供给仅仅靠自身的努力是没有办法实现的,因此在推动"民营经济发展平台"建设过程中,政府应面向企业需求主动作为,破解制约企业发展的难题,提供更好营商环境和行业性公共产品。

4. 能人创业平台

大众创业、万众创新是推动中国经济转型升级的重要力量,也是扶贫车间兴起与可持续发展的基本经验。在菏泽市乃至其他地方的实践中,我们发现,外出务工人员返乡创业、本地能人创业、大学生返乡创业等是带动扶贫车间快速发展的基本力量与活力之源。搭建好"能人创业平台",不仅是顺应新一轮乡村产业(特别是以扶贫车间为载体的乡村工业化)的有效路径,也是为乡村振兴培养和造就一批又一批有用人才的实践舞台。还应看到,在乡村振兴过程中,实现从"扶贫车间"到"致富车间"的转型,对"能人"的内涵作出了新的界定。随着扶贫车间的转型、成长,对经营、管理、技术、贸易、电商等多重人才、多重技能的需求不断增长,政府应着力推动人才队伍的培养和储备,以适应扶贫车间转型升级的要求。

5. 农业现代化发展平台

实现农业农村现代化是乡村振兴的根本任务。在菏泽市以及全国其他地区,有为数不少的扶贫车间依托地方特色优势农产品资源,扮演着小农户联结大市场的枢纽和载体的角色,对农业适度规模经营、农业现代化发挥着积极作用。特别是一些实力较为雄厚、经营理念较为先进的扶贫车间，主动把握市场变化的趋势，主动塑造品牌，主动技术革新，实现了农业、加工业、销售服务、乡村生态文化旅游的深度融合。虽然目前此类经营主体仍属零散的"典型案例"，但代表了农业现代化的基本趋势，这些经验对于推动涉农产品、涉农经营扶贫车间的可持续发展提供了有益借鉴。

6."产村融合"平台

脱贫攻坚时期，扶贫车间除了带动贫困人口就业脱贫以外，在带动乡村产业（加工业、农业）发展、促进农民增收、参与乡村治理、推动乡风文明建设等方面也发挥着重要的作用。然而，对标乡村振兴的总目标，观照扶贫车间发展的趋势与特点，可以发现"产村融合"仍有很多的潜力可以挖掘。特别是在注重乡村产业发展、产业振兴的同时，加强对产业发展社会效应的体现，使其与乡村发展和乡村治理深度融合，为全面乡村振兴贡献更大力量。

四、推动菏泽扶贫车间持续健康发展

促进扶贫车间转型，保持其持续健康发展，不仅是精准扶贫精准脱贫基本方略的自然延伸，有助于依托扶贫车间建立稳定脱贫的长效机制，同时也是促进乡村振兴的有效路径。在这一过程中，要处理好政府、市场和社会三者关系，注重扶贫车间建设与县域经济发展和乡村治理更有效衔接。

（一）用好"政府、市场、社会"三种机制

扶贫车间就业扶贫模式的转型升级，其实质在于菏泽市产业发展模式和机制，产业发展模式和机制的核心在于产业发展政策。顾昕指出，产业政策是发展型政府（the developmental state）的政策工具，是

发展主义（developmentalism）的政策基石。以产业政策为核心的发展型政府和发展主义无所不在，既有成功的经验，也有失败的教训。发展主义成功与否，并不在于国家、市场、社会边界的移动，而在于行政治理、市场治理和社群治理相得益彰的制度建设和政策选择。①

从政府的角度而言，产业政策分为配置主义和协调主义两大理想类型，配置主义的政策取向旨在促进产业结构的调整和升级，施政重心放在战略性产业以及重点企业的选择，目标定位具有纵向性，政策工具包括政府补贴以及各种价格优惠的要素，其共同特征是有意"把价格搞错"。一方面将公共资源倾斜性地配置到选定的产业或企业之中，另一方面引导民间资源向政府所指引的方向流动。配置主义的产业政策具有鲜明的政府主导特征，但是产业发展中的多数经济决策和行动本身依然是由市场机制所引导。协调主义的政策取向旨在推动产业发展过程中诸多利益相关者之间的协调，施政重心放在合理化—功能性产业行为的拓展方面，目标定位具有横向性。在协调主义产业政策之中，政府补贴不再是主要的政策工具，有限的公共资源投入到扶持正外部性拓展和负外部性抑制的各种经济活动之中，以协调冲突、促进沟通并提升公共服务的提供水平。配置主义注重资源配置，而协调主义注重所谓的"中介逻辑"，包括企业的集聚和合作性网络、中介组织以及企业支持性组织，例如服务导向的商业协会、服务中心和发展中介等。这些正式与非正式组织的功能在于推动并协调企业之间以及企业与地方经济中介组织的合作型活动，推动企业上下游之间的关联，促进知识和信息的交流，采取集体行动解决共同面对的问题，分

---

① 顾昕：《协作治理与发展主义：产业政策中的国家、市场与社会》，《学习与探索》2017年第10期。

享共性资源、开展研发合作、共同推进市场营销和其他商务活动。①

配置主义和协调主义的共同点在于政府、市场和社会三者的关系。比较而言,协调主义更倾向于政府、市场和社会的协同,这种机制更有利于菏泽市扶贫车间的转型和升级。扶贫车间产业的有序发展,需要正确处理政府、市场和社会三者关系,运用好政府、市场和社会三种机制。②

用好政府机制,主要是指政府部门应负责顶层设计、资源整合、技能培训、基础设施、协调服务、营造环境、保护集体经济收益、保护农民和贫困户权益等。一个地方的产业发展,离不开政府良好的顶层设计。产业发展,规划先行,在规划制定的过程中,充分考虑地方产业发展的基础、约束和路径,找准有利发展、生态和减贫的路子,尊重贫困村和贫困农户的发展意愿。通过规划来整合财政、企业、银行各种资源,将各个行业、各个部门的政策、资金统筹安排,形成合力,为产业发展提供必需的基础设施、生产服务设施和公共服务。同时,政府要做好公共产品供给、服务和监督工作。在项目开展中协调各种关系,为企业经营营造良好环境。在推进扶贫车间的转型升级方面,政府的作用主要表现在提供公共服务,引导和扶持产业发展,完善产业布局;完善行业协会,指导行业良性发展;增加政策供给,加快和加强各类平台建设等。

用好市场机制,指的是尊重市场经济规律、尊重产业发展规律。

---

① 顾昕:《协作治理与发展主义:产业政策中的国家、市场与社会》,《学习与探索》2017年第10期。
② 吕方、叶青:《建设新型产业扶贫体系》,载黄承伟、叶韬主编《脱贫攻坚省级样本:贵州精准扶贫精准脱贫模式研究》,社会科学文献出版社2017年版。

政府做好服务，不缺位、不越位，让各类市场主体的专业性得以发挥。市场经济环境下，各类市场主体对于市场需求最为敏感，对生产、加工、经营、管理等各项活动更具专业性。政府在做好公共服务的同时，应尊重市场经济的内在规律，引导和帮助市场主体适应市场经济的环境，帮助其争取和整合各类资源，协调各种关系，定好制度框架之后，让市场主体的活力得以展现。产业能否做得好，市场说了算。用好市场机制，意味着政府不越位，不用行政指令干预市场主体的生产经营活动，而是立足于做好服务。在推进扶贫车间转型升级的过程中，政府扶持力度要逐渐减小，市场机制要成为扶贫车间产业发展的主导，充分发挥市场机制在资源配置中的重要作用。

用好社会机制，指的是帮助加强基层组织建设、提升农民的组织化程度，建立良好的企业与农民关系，促进产业扶贫项目的包容性、参与度提升。产业扶贫项目的实施，离不开贫困村、贫困农户的广泛参与和积极支持。实践表明，企业是否能够处理好与贫困村、贫困农户的关系，直接关系到企业的各项生产经营活动是否能够顺利开展。产业只有"嵌入"社区，将市场主体的利益与贫困村、贫困人口的利益紧密结合在一起，才能够更好地节约交易成本，促进合作共赢。由此可见，社区治理水平的高低，与产业项目的落地也存在着紧密的关联。通过基层组织建设、合作社培育等形式，提升农民的组织化程度和参与化程度，帮助企业和社区、农户建立稳定、互信、互利的合作关系，对于扶贫车间产业项目的健康可持续发展同样至关重要。在推进扶贫车间转型升级的过程中，面对当前农村社会空心化的实际情况，引导乡贤回乡创业办厂，充分发挥本地企业的带动效益，引导外出务工人员回流亦是社会机制的重要构成。

（二）将扶贫车间建设与县域经济转型相衔接

县域作为我国行政区划的基础层级，是城乡经济的纽带，在国民经济体系中占有重要的地位，在我国的国家治理体系中占据着举足轻重的地位。2014年3月18日，习近平总书记在兰考考察时，从三个层面阐述了精准扶贫与县域治理之间的关系，指出"要做到以下三点：第一，把强县和富民统一起来；第二，把改革和发展结合起来；第三，把城镇和乡村贯通起来"。[①] 县域治理是习近平总书记治国理政思想的重要组成部分，同时也指明了扶贫车间产业发展转型升级的方向。

"强县"与"富民"是辩证统一的关系。菏泽市扶贫车间迫切需要转型升级的主要原因之一就在于一度将"强县"与"富民"简单对立化，没有将"强县"与"富民"有机统一。基于"强县"与"富民"之间的辩证统一关系需要树立共享发展理念，二者的辩证统一关系需要在"发展路径选择和发展成果共享上有全面把握，既善于集中资源办大事、增强县域经济综合实力和竞争力，又注重激励城乡居民创业增收和勤劳致富、持续提高城乡居民生活水平"。[②] 要做到强县与富民产业相统一，这就需要在扶贫车间产业类型的选择、税收和就业之间的偏好以及产业发展政策等方面进行深化。发展壮大县域经济，其核心是要提高县域产业的竞争力，而提高县域产业竞争力的重要途径就是推进产业集群化发展。前文指出，产业集群在外部规模经济、节约成本、信息互动、创新能力等方面的优势能有力地解决县域经济发展的种种问题，有效地提升县域经济竞争力和促进县域经济增长，有利于推进县域工业化、城镇化进程和"三农"问题的解决。产业集群的布

---

①② 习近平：《在河南省兰考县委常委扩大会议上的讲话》，载《做焦裕禄式的县委书记》，中央文献出版社2015年版。

局，关涉菏泽市扶贫车间转型升级的成败，其关键点在于，不仅仅要从经济发展的角度上进行产业集群的布局，更要从强县与富民的辩证关系的角度，从基层治理、社会发展的角度进行考量。

新型城镇化是相对于快速城镇化而言，其核心在于以人为本的"人的城镇化"和城乡统筹发展。扶贫车间的转型升级需要树立城乡统筹发展理念，构建"产城融合"发展体系，其关键在于"要推动城镇基础设施向农村延伸，城镇公共服务向农村覆盖，城镇现代文明向农村辐射，推动人才下乡、资金下乡、技术下乡，推动农村人口有序流动、产业有序集聚，形成城乡互动、良性循环的发展机制"。[①] 城镇化道路是区域经济发展的基本规律，扶贫车间的转型升级要以推进新型城镇化为重要目标。推动城镇化必须依靠产业支撑，以信息化带动工业化，以农业产业化推动城市化。扶贫车间的产业集群能够促进中小企业发展，产业集群中的技术溢出和衍生企业的便利性能够促进创新企业不断产生，公共服务网络的职业培训技术支撑可以有效地弥补农村企业的先天不足，县域政府的积极参与可以不断改善本地基础设施与企业的发展环境，加快县域工业化和城市化进程。菏泽市在推进扶贫车间转型升级的过程中要正确理解新型城镇化的内涵，以扶贫车间为核心，发挥产业的集聚效应，政府进行正确规划和引导，推动小型城镇的形成，引导农村劳动力回流，引导乡风文明。

"改革"和"发展"同样是辩证统一的关系。习近平总书记强调要把发展潜力转化为发展优势，根本靠改革，同时指出要开动脑筋，打开大门，引进来，走出去，激活各类生产要素，要"精心运筹、大胆

---

① 习近平：《在河南省兰考县委常委扩大会议上的讲话》，载《做焦裕禄式的县委书记》，中央文献出版社 2015 年版。

实践，在县域改革中走出一条好路子"。① 当前的供给侧结构性改革为扶贫车间转型升级中改革与发展的关系处理提供了较好契机。落实到产业发展，需要将供给侧结构性改革与菏泽市经济结构调整紧密结合，在产业类型选择层面，需要结合菏泽市地方的资源禀赋与实际区情，正确处理第一、第二和第三产业之间的关系。在农业生产中，要考虑传统农业产业、新兴产业与特色产业之间的比重和关系，同时探讨如何更好地在扶贫车间发展过程中促进三产融合。在区域经济结构布局中，第一产业是基础，第二产业是发展，第三产业是完善。

菏泽是农业大市，坚持将农业发展与扶贫车间相结合，将农业供给侧结构性改革与扶贫车间发展以及转型升级相结合。2014年1月19日，中共中央、国务院印发《关于全面深化农村改革加快推进农业现代化的若干意见》(以下简称《意见》)，《意见》指出："全面深化农村改革，要坚持社会主义市场经济改革方向，处理好政府和市场的关系，激发农村经济社会活力；要鼓励探索创新，在明确底线的前提下，支持地方先行先试，尊重农民群众实践创造；要因地制宜、循序渐进，不搞'一刀切'、不追求一步到位，允许采取差异性、过渡性的制度和政策安排；要城乡统筹联动，赋予农民更多财产权利，推进城乡要素平等交换和公共资源均衡配置，让农民平等参与现代化进程、共同分享现代化成果。"《意见》认为，全面深化农村改革需要从完善国家粮食安全保障体系、强化农业支持保护制度、建立农业可持续发展长效机制、深化农村土地制度改革、构建新型农业经营体系、加快农村金融制度创新、健全城乡发展一体化体制机制和改善乡村治理机制等方面

---

① 习近平：《在河南省兰考县委常委扩大会议上的讲话》，载《做焦裕禄式的县委书记》，中央文献出版社2015年版。

入手。2015年11月,中共中央办公厅、国务院办公厅印发《深化农村改革综合性实施方案》(以下简称《方案》),《方案》明确指出,"全面深化农村改革涉及经济、政治、文化、社会、生态文明和基层党建等领域,涉及农村多种所有制经济主体。当前和今后一个时期,深化农村改革要聚焦农村集体产权制度、农业经营制度、农业支持保护制度、城乡发展一体化体制机制和农村社会治理制度等五大领域"。扶贫车间的深入开展与全面深化农村改革保持一致性,这既是扶贫车间转型升级的契机,同时又是难点。扶贫车间的转型升级需要与全面深化农村改革双向联动,这样才能产生应有的效益。从一定意义上而言,农业产业化、农民职业化、农村社区化,既是当前我国全面深化农村改革的目标所在,又是我国农村社会的发展趋势。

(三)将扶贫车间建设与乡村治理相衔接

长期以来,在城乡二元结构的社会背景下,在快速城镇化的作用下,我国的农村社会发展出现"乡村空心化"的问题。乡村"空心化"至少包括五个层面的内涵:一是人口学意义上的"空心化"。意指乡村人口特别是青壮年人口的大量外流,乡村人口结构以"389961"[①]为主体,生育率下降,人口总量大幅度减少。二是地理意义上的"空心化"。随着"村村通"乡村道路建设工程的推进,依然居住在乡村的农民不断地将房屋建于"村村通"道路两旁,或集中在集市等交通要道,农村原有的聚落点逐渐荒芜,村庄内部处于中心地带的老村址悄然变成废墟,留下一片破旧、闲置或废弃的旧房。我们可把这种内部闲置、外围新房的"内空外扩"视为地理意义上的乡村"空心化"。三是经济

---

① "389961"意指妇女、老年人和儿童。

意义上的"空心化"。意指农村青壮年劳动力大量外流，大部分青壮年在外长期务工拥有一定经济实力后在城镇或城市租房或购房定居，乡村留居人口老龄化、贫困化趋势日益明显，人口、资金等关键生产要素流向城市，农业生产逐渐荒芜，乡村经济日益衰退。四是基层政权意义上的"空心化"。意指乡村基层政权组织中有一定文化素质的青壮年劳动力外流，造成乡村基层政权组织在人口年龄结构上出现脱节甚至老龄化现象，人员构成出现真空，使政府职能在乡村基层得不到有效发挥。在城乡二元社会结构和户籍制度的限制下，乡村基层政权内部人力、物力、财力呈现流失与断层局面，基层政权职能、权力和责任逐步弱化。五是公共性意义上的"空心化"。这既是乡村空心化的表征之一，又是上述层面"空心化"的后果，意指乡村社会联结、地域文化以及公共事务层面的空心化，人口学、地理、经济以及基层政权意义上的"空心化"作用于乡村社会，不可避免造成地域文化和社会联结的解体，乡村公共服务无力承载，公共生活无法开展。[1]

上述问题的存在，是当前阻碍我国农村发展的障碍所在，扶贫车间的转型升级必须正视这些问题的存在，有针对性地选择产业，制定政策，做到扶贫车间的发展与农村社会发展的密切关联。在项目的选择上，扶贫车间的产业选择需要立足本地优势，发展本地特色产业，将区域发展、社区发展与扶贫车间的转型升级密切关联。从扶贫车间建设初衷出发，扶贫车间的产业选择应以劳动密集型行业为主，符合地方劳动力素质特征和技术特征，为农村剩余劳动力就业提供条件。扶贫车间的转型升级要与乡村振兴战略密切衔接。乡村振兴，人才是

---

[1] 刘杰：《乡村社会空心化：成因、特质及社会风险》，《人口学刊》2014年第3期。

关键，扶贫车间的项目选择要以吸引本地乡贤回归以及外出务工人员回乡创业为根据，为乡村振兴提供人才储备和人才培训。最后，扶贫车间的转型升级要为基层治理服务，要强化扶贫车间的党建功能，充分发挥党建在扶贫车间转型升级中的引领作用，夯实基层政权。当前菏泽市在推进扶贫车间发展的过程中，充分注重农村集体经济实力的壮大，在推进扶贫车间转型升级的过程中，不仅要注重村集体经济的发展壮大，更要注重村集体经济的收益分配，从建章立制上确保村集体经济收益分配的公平公正，杜绝寻租行为的发生，维护农村社会稳定，服务于乡村振兴战略大局。

第六章

展望与思考

菏泽扶贫车间模式由最初的局部政策实验，发展为较为成熟的就业精准扶贫经验在全市推广，后又逐渐走向全省、全国，为新时期中国国家精准扶贫、精准脱贫的政策模式发展作出了重要贡献。作为本书的总结部分，我们将在这一章节大致介绍近年来扶贫车间在全国推广的基本情况，梳理菏泽扶贫车间发展的基本经验，并讨论其对于中国乡村新一轮工业化的启示与意义。

一、扶贫车间模式的全国推广

菏泽扶贫车间就业扶贫模式的成功，得到了社会各界的高度关注和肯定，并逐渐作为一种有效的政策模式在全国范围推广。总体来看，各地的扶贫车间建设同样取得了重要的成绩，产生了多方面的综合效应。

（一）扶贫车间经验全国推广过程

国务院扶贫办主任刘永富于2015年、2017年先后两次到菏泽调研指导扶贫工作，对菏泽市编制扶贫地图、建设扶贫车间、推行双向承诺机制、购买大病医疗商业补充保险等做法给予充分肯定。2016年9月28日，全国产业精准扶贫现场观摩会在菏泽市召开，推广了菏泽扶贫车间的扶贫经验。2017年2月21日，中央政治局进行第39次集体学习时，菏泽扶贫车间的经验作为参阅材料之一向中央领导专门进行了汇报。至此,扶贫车间从菏泽走向了全国,扶贫车间模式也成为全国上下脱贫攻坚的重要模式之一。2017年9月22日至23日,全国扶贫车间现场会在菏泽召开,总结推广菏泽市扶贫车间就地就近就业扶贫模式。全国各地的100余名代表参观考察了菏泽扶贫车间和产业基地建设。2017年11月9日至10日,在江西省赣州市召开的全国就业扶贫经验交流现场会上,国务院扶贫办副主任陈志刚表示,要将扶贫车间纳入脱贫攻坚规划,作为精准扶贫的重中之重,整合资源,凝聚力量,推动扶贫车间健康发展。2018年7月,人力资源和社会保障部、国务院扶贫办在联合下发的《关于做好2018年就业扶贫工作的通知》中指出:各地要加强就业扶贫载体建设,因地制宜推广就业扶贫车间、社区工厂、卫星工厂等就业扶贫模式,进一步规范建设标准,探索运行机制,加大政策扶持力度,促进可持续发展,引导就业扶贫载体吸纳更多建档立卡贫困人口就业。各地自发的学习和中央层面的积极倡导构成了扶贫车间在全国范围扩散的主要推动力。据不完全统计,截至2019年3月,有扶贫开发任务的中西部22个省份已经建立了3万多个扶贫车间,有200多万人在里面就业,其中贫困人口接近100万。[①] 扶贫车间保障了贫困人口在家门口就业,有力地促进了贫困人口的增收脱贫。

(二)扶贫车间在全国推广取得的成效

实践表明,扶贫车间在全国的推广取得了多方面的成效。首先,扶贫车间成为破解脱贫攻坚难题的一种有效工具。扶贫车间的扶贫、助贫、脱贫模式已发展成为国家重点解决贫困人口贫困问题的重要方

---

① 刘永富:《攻坚克难,坚决打赢脱贫攻坚战——国务院扶贫办主任刘永富回应脱贫攻坚热点问题》,https://baijiahao.baidu.com/s?id=1627358157435287694&wfr=spider&for=pc。

式之一。其次，扶贫车间为壮大贫困村农村集体经济提供了有效方式。长期以来，不少农村地区的集体经济凋敝、产业空心化现象异常严重，这也造成农村基本公共服务无处供给、乡村基层社会出现涣散局面。扶贫车间通过引进相应的产业，不仅吸纳了包括贫困人口在内的农村闲置劳动力就业，也振兴了农村集体经济。再次，扶贫车间推动了传统扶贫品牌的创新。众所周知，在我国的扶贫开发史上，国家特别重视社会的力量，尤其是积极动员民营企业参与帮扶贫困户。2017年6月23日，习近平总书记在山西省太原市主持召开深度贫困地区脱贫攻坚座谈会时要求，民营企业"万企帮万村行动"要向深度贫困地区倾斜。为此，在企业帮扶贫困人口时，扶贫车间成为一个重要载体。

最后，扶贫车间有力推动了农村女性脱贫。研究表明，女性贫困是世界各国普遍存在的一个社会问题。20世纪70年代后期，美国瓦伦丁·M.莫格哈登博士最先提出了"贫困女性化"概念。1995年联合国开发计划署的《人类发展报告》也指出，贫困具有明显的性别差异，全世界13亿人口生活在贫困中，其中妇女占70%，多数是在发展中国家，贫困有一张显著的女性面孔。2005年中国妇女研究会发布消息称，我国贫困人口中有60%是女性，女性比男性更容易陷入贫困。2010年中国妇女研究会举办的"社会性别与贫困"论坛发布会再次提出，我国女性贫困化程度有不断增加的趋势。农村女性贫困具体表现为：女性参与教育、政治决策和社会经济活动的机会和比例明显少于男性，她们的受教育权、社会参与权、文化消费权等权利明显不足。[①]因此，促使女性摆脱贫困也是我国政府尤为关注的一大问题。在农村大量男

---

① 赵金子、周振：《农村女性文化贫困成因及其治理》，《西北农林科技大学学报（社会科学版）》2014年第5期。

性劳动力外出务工的情形下，留守妇女、留守老人成为农村的两大群体。由于扶贫车间发展的多为劳动密集型的产业，大量农村留守妇女就被吸纳进了扶贫车间，此举有力地缓解了女性贫困问题。

专栏 6-1

扶贫车间为东西协作提供新方法

山东如意集团在对宁夏回族自治区贫困人口帮扶时，针对贫困人口文化程度低、贫困留守人员无法外出务工等特点，结合企业本身的发展要求，创造性地拓展出了扶贫生产线、扶贫车间、扶贫岗。其中，扶贫车间针对的是贫困地区留守妇女为照顾家庭而不能外出务工的难题。公司将车间部分外围辅助工序搬至月牙湖乡、通贵乡等精准扶贫移民区内。截至 2017 年 7 月已建设扶贫车间 3 个，员工 100 余人，其中建档立卡贫困人口 86 人。扶贫岗是指公司为一些特困员工提供一些不需要长时间值守的兼职岗位。据了解，山东如意集团自 2013 年以来，积极响应西部大开发和东西部扶贫协作战略号召，先后投资 200 多亿元，赴宁夏投资兴业，现已形成贺兰园区、综保区和滨河新区三大产业园区。

——资料来源：吴志红：《"万企帮万村"精准扶贫行动：模式创新显智慧精准发力有成》，http://www.rmzxb.com.cn/c/2017-07-07/1640839.shtml

专栏 6-2

甘肃定西巾帼巧手扶贫车间

甘肃省定西市漳县三岔镇的巾帼巧手扶贫车间是全国、省、市、县妇联打造的帮助妇女脱贫致富的巾帼脱贫示范基地。基地创建于2017年,在全国妇联的亲切关怀和指导下,紧扣省市妇联"陇原妹走出去、陇原巧手干起来"精准扶贫措施,以"扶贫先扶志和智""帮人先帮技和艺"为抓手,在全镇开展"姐妹手拉手·巾帼脱贫快步走"活动和陇原巧手"万百千"行动,切实帮助建档立卡贫困妇女创业增收、脱贫致富,为打赢脱贫攻坚战助力添彩。漳县各级妇联干部和巾帼巧手扶贫车间的技术骨干,已成为活跃在漳县农村脱贫攻坚战线上的一支重要力量,在她们的带动下,漳县已建立巾帼巧手扶贫车间6个,共培训妇女580余人,人均年增收3000余元。再如,河南省通过"巧媳妇"扶贫车间工程助推了众多留守妇女脱贫致富。妇联系统大力组织实施"巧媳妇"工程,截至2018年7月,全省累计建设各类基地及项目点3.2万个,带动80多万农村妇女就业,其中建档立卡贫困妇女11.2万人。现在河南多地又把"巧媳妇"技能培训纳入农民工培训计划,根据企业生产实际需求,对农村留守妇女分期分批进行岗前技能培训,让她们变成不同行业的行家能手。

二、扶贫车间与第二波乡村工业化浪潮

从学理层面来看,菏泽扶贫车间就业扶贫模式的成功及其在全国范围的快速推广,具有多个层面的重要启示。特别是当我们将扶贫车间的经验置于中国乡村工业化的历史长程中观察,便会发现,扶贫车间的意义不仅仅在于形成了行之有效的精准扶贫地方模式,对区域经济、农民就业、集体经济、基层治理产生了多方面的积极效应,其更深远的价值在于,扶贫车间代表了中西部地区新一轮乡村工业化的整体趋势。而对于这种整体趋势的把握和善加利用,则能够为脱贫攻坚和乡村振兴提供不竭的动能。

(一)长时段视域下的中国乡村工业化

近代以来,中国乡村工业化的发展是在中华民族面临亡国灭种的危急时刻,不甘任人宰割而积极探求的一条民族振兴之路。[①]20世纪30年代,受战争的破坏,乡村工业加速衰败,中国民族工业的先行者们以及试图通过社会改良振兴中国乡村,从而实现中国社会现代化的乡村建设学派知识分子,为乡村工业的发展起到了重要推动和积累作用。一批中国民族工业的先行者开始兴办民营企业,使用机器和机械动力从事工业生产。1873年,南洋华侨陈启沅先生在广东南海县简村兴办了继昌隆缫丝厂,这是中国第一家近代民营企业,也是中国乡村工业化的真正起点。[②]此后,以丝绸、织布为主的棉纺织业和农副产品加工为主的工业生产在我国江南和华北地区都有不同程度的发展。[③]作

---

①② 杨晓光:《中国农村工业发展及其区域效应》,商务印书馆2011年版。
③ 周飞舟:《制度变迁和农村工业化——包买制在清末民初手工业发展中的历史角色》,中国社会科学出版社2006年版。

为对中国乡村危机的回应，梁漱溟、晏阳初、高践四、许仕廉、黄炎培等一批有影响力的学者，积极推动乡村工业发展，意图重建乡村经济与社会秩序。如梁漱溟等人提出通过农业促进工业，以乡村振兴都市；方显廷等提出要通过政府推动乡村建设，发展乡村工业，建立乡村合作组织，从而实现乡村现代化。尽管在当时的历史条件下，乡村建设学派的工作不能从根本上解决中国乡村和中国的问题，但乡村建设学派在发展乡村教育、培养乡村人才、传授和推广农业技术、发展乡村合作及其他公益事业等方面取得的实践成效仍对乡村发展起到了重要推动作用，① 同时乡村建设运动所引发的关于发展乡村工业的讨论也为我国乡村工业的发展积累了宝贵的理论财富。

新中国成立以后，社队企业②的大规模出现为改善乡村的贫困境况提供了新的发展契机。1958年，党的八届六中全会通过《关于人民公社若干问题的决议》，明确提出人民公社必须大办工业。在国家的鼓励和号召下，公社工业在全国各地大规模兴起。但由于当时乡村薄弱的发展基础，在缺乏必要的资金、技术、生产设备等情况下，社队企业尤其是工业发展举步维艰，加之20世纪五六十年代"大跃进"和人民公社化运动给社队企业发展带来了严重冲击，社队办企业受到抑制。到1979年底全国社队企业共有148万个，社队企业人员2909万人，占乡村总劳动力的9.4%；其中社队工业总产值424亿多元，占全国工

---

① 郑杭生、李迎生：《中国早期社会学中的乡村建设学派》，《社会科学战线》2000年第3期。
② 社队企业，是指在农业合作化和集体化过程中由农业生产合作社、乡村人民公社和生产大队、生产队办起来的集体所有制企业，涉及农、林、牧、副、渔、工、商等各个行业，由于社队企业以工业企业为主，人们有时又称之为社队工业。参见颜公平：《对1984年以前社队企业发展的历史考察与反思》，《当代中国史研究》2007年第2期。

业总产值的 9.2%，社队工业收入占社队企业总收入的 75%。①

改革开放后，我国实行家庭联产承包责任制和统分结合的双层经营体制，与此同时，中央一系列肯定社队企业在解决乡村富余劳动力、推动乡村经济社会发展中发挥重要作用的文件相继出台，为社队企业的发展奠定了良好的政治基础。

1984年中央1号文件《关于一九八四年乡村工作的通知》提出，在鼓励乡村地区兴办社队企业的同时，允许农民个人兴办或联合兴办各类企业，放开了在乡村地区农民个人兴办企业的限制；同年4月，中共中央将"社队企业"改名为"乡镇企业"，乡镇企业从此取代社队企业成为乡、村企业的统称。这些文件的出台，不仅在国家层面肯定了乡镇企业的作用和意义，同时彻底放宽了以往对开办乡镇企业的限制，乡镇企业的发展实现了"多轮驱动"（从以往的乡办、村办改变为乡办、村办、联户办、户办）和"多业并举"（从以往的农副产品加工产业转变为农、工、商、建、运、服同时并进）的局面。对私营经济限制的取消极大地激发了乡村地区兴办各类企业的活力，各地开始依靠自身的资源优势发展乡镇企业，出现了"苏南模式""温州模式""珠江模式""晋江模式""阜阳模式""平定模式"等各具特色且繁荣发展的地方工业发展模式。

---

① 《1979年全国社队企业发展情况》，《农业经济丛刊》1980年第5期。

表 6-1 我国第一次乡村工业化四种发展模式的特征

	苏南模式	温州模式	珠江模式	晋江模式
模式特征	1. 以集体经济为主发展乡镇企业； 2. 社区政府主导乡镇企业的发展； 3. 农民离土不离乡，进厂不进城	1. 以商带工的"小商品，大市场"； 2. 民间资本自发发展家庭小工业和专业市场； 3. 农民离土不离乡+"千军万马走出去"	1. 以"三来一补"为主的外向型经济； 2. 直接受惠于国家对外开放政策； 3. 原材料与市场两头在外	1. 以联户集资的股份合作制为主的外向型经济； 2. 依靠"三闲起步"，通过"三来一补"，促进"三资上路"
经济特点	乡镇集体经济	个体私营经济	外向型经济	外向型经济

如表 6-1 所示，20 世纪我国乡镇企业发展模式多样，各具特色。苏南地区之所以能够在 20 世纪 80 年代实现乡镇企业"村村点火，处处冒烟"①的繁荣景象，除了得益于濒海临江，背靠上海、无锡等大工业城市的区位优势，同时苏南地区的商贾传统和 20 世纪六七十年代社队企业发展积累起来的集体资产和干部经济结构②也是苏南乡镇企业繁荣和集体经济形成的重要原因；而温州地区在薄弱的集体经济和弱势政府等现实条件下，依托活跃的民间资本和宽松的市场环境，充分发挥了人民的首创精神，大力发展家庭手工业和建立全国性的专业市场，发展出了以商带工的"小商品，大市场"为特征的经济模式；珠三角一带发挥紧靠港澳地区和与海外联系紧密的优势，依托香港等大都市的产业辐射，同时积极引进外资企业，大力发展外向型经济；福建晋

---

① 王勇、李广斌：《苏南乡村聚落功能三次转型及其空间形态重构——以苏州为例》，《城市规划》2011 年第 7 期。
② 张建君：《政府权力、精英关系和乡镇企业改制——比较苏南和温州的不同实践》，《社会学研究》2005 年第 5 期。

江一带的农村地区则是充分发挥其侨乡的优势,积极引进外资和开拓海外市场,同时为了鼓励乡镇企业的发展充分利用"三闲资源"(闲资、闲房、闲劳力),大胆探索公有制各种实现形式和途径,引进外资嫁接乡镇企业,发展"三资"企业,从而实现了经济的迅速发展。[①]

随着我国社会主义市场经济和全球化进程的加速,在我国大力推动乡镇企业的同时,内外部环境的变化使我国乡镇企业发展面临严峻的挑战。首先从国内环境看,随着1994年分税制改革开始,地方政府兴办企业的激励迅速消失,地方政府纷纷与企业"脱钩",乡镇企业大量倒闭、"转制"(变卖),到20世纪90年代末,真正属于集体所有的乡镇企业已经所剩无几;[②] 另外随着国内市场经济的快速发展,我国市场逐渐从卖方市场转变为买方市场,大部分商品供大于求,市场竞争加剧。在此背景下一些乡镇企业组织模式不适应市场环境,竞争力较弱的企业经营陷入困难。从国际环境看,1997年亚洲金融危机的爆发导致以国际市场为主的乡镇企业外部经济环境恶化。在国内外环境变化给乡镇企业发展带来严重冲击、企业经营环境发生变化的同时,各地乡镇企业自身也暴露出了诸多的不足,如产权模糊、生产效率低下、产业结构性矛盾突出、环境污染等问题突出,导致20世纪90年代中后期开始,大量的乡镇企业发展陷入困境,发展速度大幅减缓。

为适应外部市场环境变化和提升企业竞争力,各地乡镇企业纷纷开始进行改革。以苏南地区集体经济为代表的乡镇企业从20世纪90

---

① 吴盛汉:《中国农村城镇化四大实践模式及经验启示》,《长春理工大学学报(高教版)》2008年第4期。
② 周飞舟、吴柳财、左雯敏等:《从工业城镇化、土地城镇化到人口城镇化:中国特色城镇化道路的社会学考察》,《社会发展研究》2018年第1期。

年代初开始进行产权制度改革,将集体所有制改为股份制、股份合作制、私人所有制等形式。在乡镇企业改制发展后期,私营经济模式成为改制的主要方向,乡镇集体经济全面萎缩。[①]该时期,中西部地区乡村工业在这一时期的改制过程中并没有实现成功转型,乡村工业发展缓慢,有的地区甚至已经完全没有了工业的发展。进入21世纪以来,中西部地区的乡村工业发展仍然十分缓慢,东中西部乡村工业发展差距进一步拉大。

(二)第二次乡村工业化浪潮

进入21世纪以来,随着东部沿海地区结构调整和产业升级,加上"用工荒"加剧、要素成本的上升,以及国际金融危机等带来的宏观环境变化,促使沿海地区很多劳动密集型产业开始逐步向中西部地区转移,东部地区转向西部地区的产业数量和规模都在不断扩大。随着沿海地区产业转移趋势的加大和我国农村地区扶贫开发工作和乡村振兴战略的实施,将为我国农村发展尤其是中西部农村发展带来新的契机,中西部地区的乡村工业也将迸发新的活力。如果将20世纪80年代中期以来乡镇企业的快速发展视为改革开放以来我国第一次乡村工业化浪潮,那么随着中国经济深度卷融入全球化,我国东部沿海地区产业转移的进一步加剧,以及农村地区脱贫攻坚和乡村振兴对我国农村地区产业发展的逐步推动,我国中西部地区将迎来产业发展的重大机遇,开启改革开放以来的第二次乡村工业化浪潮。而把握这次机遇,不仅能够为欠发达地区减贫与发展提供有效路径,也为中国发展模式调整扩展了空间纵深。

---

① 杨晓光:《中国农村工业发展及其区域效应》,商务印书馆2011年版。

不难发现，我国第二次乡村工业化是在中国经济转型的背景下逐步发展起来的。在农村地区产业发展的过程中，中西部农村地区抓住了东部沿海地区和当地城市地区产业结构调整和产业升级的发展机遇，承接了部分转移出来的劳动密集型产业，从而推动了我国第二次乡村工业化的发展。特别是国家层面的政策引导，为中西部地区实现第二次乡村工业化带来了宝贵的政策红利。2016年11月23日，国务院发布《关于"十三五"脱贫攻坚规划的通知》，明确提出要在农村地区推进一、二、三产业融合发展试点示范工程，支持农业集体经济组织、新型经营主体、企业、合作社开展原料基地、农产品加工、营销平台等生产流通设施建设，鼓励贫困地区因地制宜发展产业园区，以发展劳动密集型项目为主，带动当地贫困人口就地就近就业。在国家政策的鼓励下，我国中西部农村地区积极推动农村地区产业的多元发展。尤其在我国东部沿海地区和城市地区当前正面临"用工荒"加剧、要素成本上升，以及国际金融济危机等带来的宏观环境的变化等状况，促使很多劳动密集型产业开始逐步向国外和我国中西部地区转移。在产业扶贫政策的支持下，我国中西部农村地区已经抓住了产业转移的机遇，创造优势政策环境和发展环境承接此次产业转移浪潮。尤其以扶贫车间为代表的承接产业转移的新型载体形式，正在中西部地区广泛推广，成为我国第二次乡村工业化的重要实现形式。

从我国两次乡村工业化发展特征的比较来看，相较于20世纪八九十年代我国乡村工业化的发展情况，当前正在快速发展中的第二次乡村工业化主要有以下几点特征：

首先，从乡村工业化的兴起地区来看，相较于第一次我国乡村工业在全国各地"遍地开花"的盛况，当前乡村工业化主要发生在工业发展较滞后的中西部地区。虽然东部农村地区在20世纪中后期的改革过程中有短暂的衰落，但在城市工业的辐射和带动下乡村工业仍然获得稳步发展，并实现了产业的转型升级。而中西部农村地区工业在20世纪由于没有成功应对市场环境和自身改革的挑战而一直发展十分缓慢。当前在我国农村地区产业扶贫和乡村振兴的背景下，中西部农村地区正抓住产业发展的机遇开始了新一轮的工业化发展。

其次，从人口分布和劳动力市场来看，两次乡村工业化在就业人口分布上都呈现"离土不离乡""进厂不进城"的特征，但在劳动力市场上差异明显。"离土不离乡"是指农业劳动力常年或季节性地离开土地，脱离耕作劳动，聚集在乡村集镇或集镇周围的村庄上，从事工业、建筑工业和第三产业，而户口关系及其家庭仍然留在乡村的一种劳动转移方式；"进厂不进城"是指农业劳动力虽然常年或季节性地在乡村兴办的工厂工作，但仍然保留着农民身份，居住在农村地区。[1]"离土不离乡""进厂不进城"的人口分布特征在第二次工业化发展过程中表现得更为明显。扶贫车间作为第二次乡村工业化的重要实现形式，其车间本身就建在村中，农民可以就近选择本村或邻村车间就业，除在车间工作的时间外，其所有的活动都在本村进行。但从劳动力特征来看，两次乡村工业化劳动力市场差异巨大。第一次工业化时期，在城乡二元结构限制下，我国农村地区存留着大量的富余劳动力，尤其是青壮年劳动力较多，具备较好的劳动力市场优势。但当前我国农村地区存留劳动力主要是一些留守妇女和有部分劳动能力的老人，乡村工业发展在劳动力上并不具备明显优势，反而因为当前留守人员在性别、

---

[1] 魏后凯：《对中国乡村工业化问题的探讨》，《经济学家》1994年第5期。

素质等方面的特征,工业发展受到较多的限制。

最后,从产业发展的情况来看,相较于第一次乡村工业化广泛的产业来源和广泛的市场空间,第二次乡村工业化是在城市工业和东部地区乡村工业都已发展到一定阶段,由劳动密集型向技术密集型和资本密集型企业转型升级的过程中以承接部分劳动密集型产业而发展起来的,因此当前的乡村工业主要通过"订单"方式承接沿海地区或城市工业园区的部分产业生产环节。另外在互联网经济发展趋势下,我国第二次乡村工业化的产品正在通过电商途径进行销售,在节约人力、资源的优势下打开了销售渠道,增加了市场份额。总体来看,尽管当前我国农村地区的工业发展不管是在产业发展来源还是市场空间上都不具备第一次乡村工业化发展的明显优势,但仍具有较好的发展机遇。

表6-2 我国两次乡村工业化发展特征比较

	时间	产业布局	人口分布	劳动力特征	产业来源	经济特点
第一次乡村工业化	20世纪80年代至90年代中期	前期全国普遍发展,20世纪90年代中后期以东部农村地区发展为主	"离土不离乡""进厂不进城"+"千军万马走出去"	青壮年劳动力较多,富余劳动力丰富	来源广泛:大工业城市外商投资、当地传统产业等	乡镇集体经济、个体私营经济的混合
第二次乡村工业化	2008年至今	主要以中西部农村地区为主	"离土不离乡"(很多是"离土不离村")、"进厂不进城"	以留守妇女和老人为主	主要以当地传统产业和沿海地区产业转移为主	以个体私营经济为主

三、扶贫车间与乡村振兴

揆诸历史，中国乡村工业作为我国工业体系的重要组成部分，是在我国传统二元结构体制的历史条件下，以乡村社会结构的存在为其生长条件而发展起来的。①因此谈及乡村工业化，它并不简单地等同于在农村地区兴办工业，它除了具有一般工业化的内涵和意义以外，还包括用工业化生产方式对传统农业和乡村经济结构进行改造，促进乡村经济系统向现代化转型；推进乡村非农业化和城镇化；推动乡村剩余劳动力向二、三产业转移，使广大农民就地就近分享工业化成果和城市文明；构建新型工农城乡关系，实现与城市工业化协调发展等几个方面的内涵。②而山东省菏泽市等地扶贫车间发展经验，恰恰需要置于这一背景下认识与理解。扶贫车间尽管初衷是作为地方产业扶贫的一种实现形式，但随着扶贫车间在中西部地区的广泛推广，扶贫车间取得的实际成效已经远超过了其作为一个扶贫项目本身的意义，正在进一步影响和改变着传统乡村的经济社会结构。可以预见，2020年完成脱贫攻坚既定目标以后，持续推动中西部地区乡村工业化，带动劳动力就近就地转移，促进新型城镇化将是乡村振兴的重要内容之一。而扶贫车间模式对此的贡献则体现在三个方面：

（一）促进就近就地就业，活化乡村

进入21世纪以来，随着东部沿海地区和城市地区工业结构调整和产业升级，加上"用工荒"加剧、要素成本的上升，以及国际金融危

---

① 折晓叶、陈婴婴：《超级村庄的基本特征及"中间"形态》，《社会学研究》1997年第6期。

② 宋伟：《农村工业化研究评述》，《河南大学学报（社会科学版）》2009年第6期。

机等带来的宏观环境的变化，促使沿海地区和城市地区很多劳动密集型产业开始转移到劳动力市场、土地等更具优势的地方。从当前来看，劳动密集型产业的转移途径一是向国外正处于人口红利期、生产成本更低的国家转移，另一种途径是往国内的中西部地区转移。研究表明，进入21世纪以来，东部地区转向西部地区的产业数量和规模都在不断扩大，而扶贫车间的发展模式无疑为中西部地区更好地承接产业转移提供了一个有效的载体。首先，由政府主导投资建设的扶贫车间，借助于产业扶贫和乡村振兴产业发展的机遇，扶贫车间的建设在一定时期内具备较好的政策环境，为车间承租人节约了大量的生产成本；其次，建设在村中的扶贫车间尽管规模不大，但能够迅速扩张，可以利用其地理优势充分将农村剩余劳动力组织起来，提高产量。尤其是对于那些从当地城市地区将部分生产环节转移到扶贫车间的本地企业来说，不仅降低了用工成本，同时还扩大了生产经营规模，实现了产值的增加、效益的提升。而一些发展较好的扶贫车间也通过注册小微企业的方式，逐步实现了更高级的发展。

扶贫车间作为发展乡村工业的有效实现载体，推动了乡村产业的多元化发展。从山东省菏泽市扶贫车间的产业发展来看，借助于当地传统产业的发展优势和沿海地区以及城市地区产业转移的机遇，截至2018年9月，扶贫车间逐步从发制品、藤编、家具制作等3大门类42种产业，发展到服装加工、旅游服饰、电子产品、户外家具、酱菜制作等8大门类81种产业。[①] 而建设在村中的扶贫车间，由于在地理区位上充分考量和照顾了当前农村地区富余劳动力的情况，非常符合当

---

① 资料来源：据山东省菏泽市扶贫办提供资料整理。

前留守妇女、老人需要兼顾家庭和农业生产的特征，因此得到了村民的大力支持。在实地调研中也发现，订单来源充足、生产效益较好的扶贫车间几乎吸纳了村中全部的富余劳动力。扶贫车间为乡村富余劳动力提供了农业生产以外的新的就业机会，而劳动力的充分吸纳也维系了车间的正常生产，实现了村民、车间承租人的双赢。

（二）推动土地规模经营，促进农业现代化

推动土地的规模经营是实现农业现代化的必由之路。尽管当前我国中西部农村地区大量青壮年劳动力外流，但大量留守的妇女、老人仍是依靠传统农业获取经济收入。中西部地区较多的农业人口和单一的产业发展现状导致农村土地规模经营难以推行，传统生产方式难以改变，农业现代化发展缓慢。而建设在村中的扶贫车间，能够让村民"离土不离乡"，在扶贫车间从事生产劳动获得稳定收入，有的生产劳动甚至可以在家中完成。送技能、送岗位上门的扶贫车间充分满足了当前乡村劳动力的基本情况，为乡村人口提供了新的、稳定的就业机会，提高了其非农就业的机会和非农收入；同时也能够促进乡村社会分工进一步发展，带动和促进土地的规模化经营，提高农业机械化、集约化水平，为推进中西部地区的农业现代化发展提供了良好的机遇。

（三）活化地方，助力乡村善治体系发展

扶贫车间发展不仅给农村地区带来了新的产业、先进生产技术、新的就业机会，更重要的是在这个过程中，扶贫车间的发展使得传统乡土社会与更广阔的社会空间如当地城市地区、国内其他省市甚至海外市场等建立了直接的联系，传统乡土社会的发展逐步由内生型发展向内外联动型发展转变。在这个过程中，不仅为传统村落带来了先进的工业文明成果，推动工业生产的进一步发展；同时在这个过程中，

随着农民就业结构和收入水平的提高，传统乡村的生活方式和发展观念也会发生重大的变革。随着大量城市文明不断涌入，扶贫车间模式不仅能够推进乡村社会的现代化建设，也能逐步推进城乡经济社会的一体化发展。

参考文献

习近平：《做焦裕禄式的县委书记》，中央文献出版社 2015 年版。

中共中央党史和文献研究院：《习近平扶贫论述摘编》，中央文献出版社 2018 年版。

黄承伟、吕方编著：《兰考：县域治理与脱贫攻坚》，研究出版社 2020 年版。

黄承伟、叶韬主编：《脱贫攻坚省级样本：贵州精准扶贫精准脱贫模式研究》，社会科学文献出版社 2017 年版。

杨晓光：《中国农村工业发展及其区域效应》，商务印书馆 2011 年版。

张承良：《中国农村工业与经济发展》，经济科学出版社 1996 年版。

周飞舟：《制度变迁和农村工业化——包买制在清末民初手工业发展中的历史角色》，中国社会科学出版社 2006 年版。

成德宁：《我国城乡间产业的迁移与分工协调发展》，《经济学家》2011 年第 8 期。

陈建军：《中国的转轨经济与江浙模式》，《江海学刊》2000 年第 6 期。

丁静：《乡村工业化：韩国经验的分析》，《浙江社会科学》1996 年第 6 期。

范丽霞、李谷成：《我国乡村工业化回顾与展望》，《产业与科技论坛》2008 年第 3 期。

傅允生：《产业转移、劳动力回流与区域经济协调发展》，《学术月刊》2013 年第 3 期。

傅允生：《东部沿海地区产业转移趋势——基于浙江的考察》，《经济学家》2011年第10期。

冯根福、刘志勇、蒋文定：《我国东中西部地区间工业产业转移的趋势、特征及形成原因分析》，《当代经济科学》2010年第2期。

冯曲：《从资金筹集机制看乡镇企业改制：制度变迁动力学的一个案例》，《改革》2000年第5期。

韩俊、姜长云：《中国农村经济结构的变革与国民经济发展：回顾、评价与思考》，《经济研究参考》1999年第88期。

"工业化与城市化协调发展研究"课题组：《工业化与城市化关系的经济学分析》，《中国社会科学》2002年第2期。

顾昕：《协作治理与发展主义：产业政策中的国家、市场与社会》，《学习与探索》2017年第10期。

贺曲夫、刘友金：《我国东中西部地区间产业转移的特征与趋势——基于2000—2010年统计数据的实证分析》，《经济地理》2012年第12期。

洪银兴、陈宝敏：《"苏南模式"的新发展——兼与"温州模式"比较》，《宏观经济研究》2001年第7期。

刘国良：《苏南模式与温州模式、珠江模式的比较》，《浙江经济》2006年第18期。

刘满平：《"泛珠江"区域产业梯度分析及产业转移机制构建》，《经济理论与经济管理》2004年第11期。

李玉红：《农村工业源重金属污染：现状、动因与对策——来自企业层面的证据》，《农业经济问题》2015年第1期。

罗浩、钟国平：《缓解发达地区省内区域经济差距的区域政策研究——以广东省为例》，《人文地理》2007年第1期。

刘杰：《乡村社会空心化：成因、特质及社会风险》，《人口学刊》2014年第

3期。

陆益龙：《构建精准、综合与可持续的农村扶贫新战略》，《行政管理改革》2016年第2期。

吕方、梅琳：《"复杂政策"与国家治理——基于国家连片开发扶贫项目的讨论》，《社会学研究》2017年第3期。

吕振奎：《"晋江模式"新内涵与晋江民企品牌发展策略》，《福建论坛（人文社会科学版）》2007年第8期。

吕振奎：《泉州模式的新内涵：品牌经济推进发展方式转变》，《福建论坛（人文社会科学版）》2011年第2期。

江洪：《中部地区承接产业转移的现状与对策》，《中国经贸导刊》2009年第18期。

邱泽奇：《乡镇企业改制与地方威权主义的终结》，《社会学研究》1999年第3期。

申茂向、祝华军、田志宏等：《中国乡村工业化及其环境与趋势分析》，《中国软科学》2005年第10期。

史晋川、朱康对：《温州模式研究：回顾与展望》，《浙江社会科学》2002年第3期。

宋林飞：《中国"三大模式"的创新与未来》，《南京社会科学》2009年第1期。

宋伟：《乡村工业化研究评述》，《河南大学学报（社会科学版）》2009年第6期。

宋学宝：《"苏南模式"和"温州模式"的比较研究》，《改革》2001年第3期。

王慧：《日本政府在乡村工业化过程中的作用——兼与中国比较》，《中国农村经济》2004年第12期。

王新：《劳动密集型与非城市化转移：中国农村工业模式解析》，《经济学家》2012年第9期。

王勇、李广斌：《苏南乡村聚落功能三次转型及其空间形态重构——以苏州为例》，《城市规划》2011年第7期。

魏后凯：《对中国乡村工业化问题的探讨》，《经济学家》1994年第5期。

吴盛汉：《中国农村城镇化四大实践模式及经验启示》，《长春理工大学学报（高教版）》2008年第4期。

吴乐进：《新经济环境下晋江模式发展的困境与探索》，《中国市场》2010年第22期。

严瑞珍、龚道广、周志祥等：《中国工农业产品价格剪刀差的现状、发展趋势及对策》，《经济研究》1990年第2期。

于秋华：《改革开放三十年中国乡村工业发展的经验与启示》，《经济纵横》2009年第4期。

赵连阁、朱道华：《农村工业分散化空间结构的成因与聚集的条件》，《中国农村经济》2000年第6期。

赵连阁：《影响农村工业聚集的因素及实证分析》，《农业现代化研究》2000年第1期。

张建君：《政府权力、精英关系和乡镇企业改制——比较苏南和温州的不同实践》，《社会学研究》2005年第5期。

张军、冯曲：《集体所有制乡镇企业改制的一个分析框架》，《经济研究》2000年第8期。

张敏、顾朝林：《农村城市化："苏南模式"与"珠江模式"比较研究》，《经济地理》2002年第4期。

折晓叶、陈婴婴：《超级村庄的基本特征及"中间"形态》，《社会学研究》1997年第6期。

郑杭生、李迎生:《中国早期社会学中的乡村建设学派》,《社会科学战线》2000年第3期。

周飞舟、吴柳财、左雯敏等:《从工业城镇化、土地城镇化到人口城镇化:中国特色城镇化道路的社会学考察》,《社会发展研究》2018年第1期。

中国社会科学院课题组:《"温州模式"的转型与发展——"以民引外,民外合璧"战略研究》,《中国工业经济》2006年第6期。

钟宁桦:《乡村工业化还能走多远?》,《经济研究》2011年第1期。

祖伟、李翠霞、郑秋鹊等:《中国乡村工业化的发展阶段及特征》,《学术交流》2005年第10期。

后 记
POSTSCRIPT

消除贫困、改善民生，逐步实现共同富裕，是社会主义的本质要求。2015年中央扶贫工作会议召开以来，脱贫攻坚战全面打响，在习近平总书记关于扶贫工作的重要论述指引下，各地贯彻落实精准扶贫、精准脱贫基本方略，适应新时期脱贫攻坚形势与要求，结合地方实际推动脱贫攻坚改革创新，形成了众多精准扶贫的实践模式，菏泽扶贫车间就是其中非常成功且非常具有代表性的典型案例。回溯菏泽扶贫车间模式的兴起、发展以及其在全国范围的推广与传播并取得巨大成功的历程，便会发现中国特色社会主义减贫治理体系充分发挥了中央和地方两个积极性的突出优势和与时俱进的创新发展品格。

国务院扶贫办高度重视总结和推广脱贫攻坚领域的优秀实践模式，将其作为推动脱贫攻坚治理体系现代化的重要路径与方法，特别是在扎实研究优秀案例的基础上，形成可推广、可复制的经验，通过干部培训的形式，转化为扶贫干部推动脱贫攻坚的实践本领，从而助力打赢全面建成小康社会背景下的脱贫攻坚战。同时，对这些优秀案例的总结研究，也是宣传脱贫攻坚伟大实践、丰富全球减贫治理案例库、传递减贫中国好声音的有效方式。

有鉴于此，在国务院扶贫办中国扶贫发展中心、全国扶贫宣传教育中心的指导下，菏泽市扶贫办联合华中师范大学社会学院共同开展菏泽扶贫车间模式总结研究。为了完成好研究工作，我们精心组建了联合课题组，先后进行三轮实地调研。调研过程中我们与扶贫干部、乡村干部、扶贫车间承租人、车间就业人员广泛交流，先后召开专题座谈会6场，完成深度访谈40余个，整理出访谈记录30多万字。调研中，课题组深刻感受到菏泽近几年在脱贫攻坚领域改革创新的巨大勇气和智慧，感受到脱贫攻坚给当地经济社会发展、干群关系和贫困群众精神面貌带来的巨大改变。尤其是在深入走访和多轮专家研讨中，我们认为，菏泽扶贫车间就业扶贫模式，不仅是精准扶贫的有效实现形式，同时也为中西部地区有序有效承接劳动密集型产业转移，推动"第二次乡村工业化浪潮"，带动农民就业增收、活跃地方经济、改善乡村治理提供了契机。在新时代的乡村振兴战略中，扶贫车间通过转型升级，必将发挥出更大潜能。

国务院扶贫办中国扶贫发展中心黄承伟主任亲自参与研究设计，指导研究开展，听取研究汇报，并详细评审和指导了研究报告的写作。菏泽市扶贫办蔡维超主任给课题组作了专题报告，系统介绍了菏泽扶贫车间发展的历程与经验，为实地调研的开展提供指导建议和全方位支持。菏泽市扶贫办刘军副主任全程参与了课题调研和研讨，为课题组答疑解惑。全国扶贫宣传教育中心的骆艾荣副主任、阎艳副处长为本书成稿提供了指导。菏泽市扶贫办综合组干部陈硕、祝见华为课题开展提供了联络和服务，同时参与了课题研讨及稿件修改和定稿，贡献了宝贵的智慧与经验。在研究报告撰写过程中，黄承伟主任，菏泽

后 记

市扶贫办蔡维超主任、刘军副主任，华中师范大学陆汉文教授、吕方教授共同拟定了报告思路和研究提纲，报告具体分工如下：导论及第六章由华中师范大学吕方和龚群芳完成；第一章由武汉工程大学董苾茜完成；第二章由华中师范大学李琳完成；第三章由华中师范大学李琳和武汉工程大学董苾茜完成；第四章由济南大学张世青、青岛大学王猛、山东女子学院苏海共同完成；第五章由华中师范大学刘杰完成。课题组虽然有具体分工，但共同完成研究是团队协作的成果。初稿完成后，黄承伟主任、蔡维超主任、陆汉文教授、刘军副主任分别审读并提出了修改意见，最后由吕方统稿完成。书稿在修改和完善过程中得到了多位专家老师的指导，在此一并致谢。

编者

2020 年 3 月